計算実務
直前模試

目次

JN126652

仕訳帳の記入と勘定口座への転記

日付欄：取引が発生した月日を記入します。同一月の場合は、各ページの最初に書くだけです。同一日の取引が他にあれば「〃」（ディットー）を記入します。

摘要欄：摘要欄を左右に二分し、仕訳の借方勘定科目を左側、貸方勘定科目を右側に記入します。原則として借方の勘定科目を最初に記入し、次の行に貸方の勘定科目を、それぞれ（　　）を付けて記入します。勘定科目が二つ以上ある場合は、勘定科目の上に「諸口」と記入します。仕訳帳が複数ページにわたる場合は、ページごとの合計を計算して、次のページに引き継ぎます。

金額欄：前ページからの繰越額、取引の借方、貸方勘定科目の金額、次ページへの繰越額をそれぞれ記入します。借方合計金額と貸方合計金額は必ず一致します。

元丁欄：仕訳を勘定口座に記入したのち、その勘定口座のページ数を記入します。

区切線：一つの取引記入が終了したら、次の取引と区別するため摘要欄に実線を引きます。

仕　　訳　　帳　　33

令和×2年		摘要		元丁	借方	貸方
		前ページから繰越			4,938,206	4,938,206
8	9	（仕　入）	諸　口	30	829,371	
			（当座預金）	2		398,415
			（買掛金）	18		430,956
	10	諸　口	（売　上）	21		2,349,817
		（当座預金）区切線		2	690,348	
		（売掛金）		4	1,659,469	
	14	（備　品）	諸　口	10	876,540	
			（当座預金）	2	合計線	349,600
			（未払金）	18		526,940
		次ページへ繰越			8,993,934	8,993,934

勘定口座への転記の方法

日付欄：仕訳帳の日付を記入します。同一月の場合は、月は省略します。

摘要欄：仕訳の相手科目を記入します。相手科目が複数の場合は「諸口」と記入します。

仕丁欄：仕訳帳のページ数を記入します。同じ場合は「〃」を記入します。

金額欄：仕訳帳の借方金額を該当する勘定口座の借方金額欄に、貸方金額を該当する勘定口座の貸方金額欄に記入します。

借/貸欄：勘定口座の残高が借方・貸方のどちらにあるかを記入します。同じ場合は「〃」を記入します。

残高欄：取引日の勘定口座の残高金額を記入します。

当　座　預　金　　2

令和×2年		摘要	仕丁	借方	貸方	借/貸	残高
8	1	前月繰越	✓	672,193		借	672,193
	3	受取手形	31	392,784		〃	1,064,977
	5	諸口	32		289,653	〃	775,324
	9	仕入	33		398,415	〃	376,909
	10	売上	〃	690,348		〃	1,067,257
	14	備品	〃		349,600	〃	717,657
	20	支払手形	34		139,028	〃	578,629
	25	売上	〃	362,065		〃	940,694
	31	**次月繰越**	✓		**940,694**		
				2,117,390	2,117,390		

＊他の勘定口座への転記もこれに準じて行います。

売上帳・仕入帳の記帳

売　　上　　帳　　8

令和×2年		摘　　要			内　　訳	金　　額
		前ページから繰越				38,214,539
6	19	(岡　山　商　店)		掛及び現金		
		A　商　品	4,536個	@¥　192	870,912	
		B　商　品	3,948個	@¥　806	3,182,088	
		C　商　品	1,837個	@¥　482	885,434	4,938,434
	21	(福　島　商　店)		約束手形		
		D　商　品	7,361個　区切線	@¥　308	2,267,188	合計線
		E　商　品	1,008個	@¥　912	919,296	3,186,484
	24	(広　島　商　店)		掛		
		F　商　品	4,306個	@¥　390	1,679,340	
		G　商　品	6,901個	@¥　527	3,636,827	5,316,167
		次ページへ繰越				51,655,624

●売上帳の記入方法

日付欄：取引が発生した月日を記入します。同一月の場合は、各ページの最初に月を書くだけで次の取引からは記入しません。

摘要欄：取引日ごとに送り状番号、売上先名、販売形態などを一行目に記入し、商品名、数量、単価(@)を次の行に記入します。複数種類の商品がある場合は、商品ごとに記入します。
同一月の取引が2ページにまたがる場合は、ページの合計金額を算定して、「次ページへ繰越」と記入して次のページに引き継ぎます。「前ページから繰越」は、前のページから引き継いだものをあらわしています。

内訳欄：複数種類の商品を売り上げている場合は、内訳欄に商品ごとの金額(数量×単価)を記入します。次に取引日ごとに内訳欄の合計を計算して金額欄に記入します。

金額欄：最初の行に前ページから繰り越されてきた金額、次の行からは取引日ごとの内訳欄の合計金額を記入し、同一月の取引が次のページにまたがるような場合は、最後の行にこのページの合計金額を記入します。

区切線：一つの取引記入が終了したら、次の取引と区別するため摘要欄に実線を引きます。

合計線：内訳欄の合計を金額欄に記入する場合は、内訳欄に実線を引きます。次ページへ繰り越す場合、あるいは締め切る場合は、金額欄に実線を引きます。

●仕入帳の記入方法

日付欄、摘要欄、内訳欄、金額欄などすべて売上帳に準じて記帳されます。

- **仕訳帳**とは、仕訳(取引を借方勘定科目と金額、貸方勘定科目と金額に分けること)を一定の形式によって記入する帳簿をいいます。
- **転記**とは、仕訳帳の記入にもとづいて各勘定口座に記入することをいいます。
- **売上帳**とは、商品の売上げに関する内訳明細を取引順に記録する補助簿です。商品売上げのさいに作成・送付する納品書(送り状)の控をもとに記入します。
- **仕入帳**とは、商品の仕入れに関する内訳明細を取引順に記録する補助簿です。商品仕入れのさいに送付されてきた納品書(送り状)をもとに記入します。

商業計算

1．利息

公式
利　　息＝元金×利率×期間
元利合計＝元金＋利息
　　　　＝元金＋(元金×利率×期間) または　元金×(1＋利率×期間)
元　　金＝元利合計÷(1＋利率×期間)
利　　率＝利息÷(元金×期間)
期　　間＝(元利合計－元金)÷(元金×利率÷12※) ※期間が日数の場合は365

例題 元金￥852,000を5月24日から7月22日まで年利率1.25％で貸し付けた。期日に受け取る利息はいくらですか。(両端入れ，円未満切り捨て)

【計算式】 $¥852{,}000 \times 0.0125 \times \frac{60}{365} = ¥1{,}750$　**【解答】** ￥1,750

例題 元金￥750,000を年利率3.6％で1年6か月借り入れた。期日に支払う元利合計はいくらですか。

【計算式】 ￥750,000＋(￥750,000×0.036×1.5)＝￥790,500　**【解答】** ￥790,500

例題 年利率4.8％で1年6か月借り入れ，期日に元利合計￥509,200を支払った。元金はいくらですか。

【計算式】 ￥509,200÷(1＋0.048×1.5)＝￥475,000　**【解答】** ￥475,000

例題 元金￥640,000を8月16日から10月28日まで借り入れ，利息￥19,200を支払った。借入年利率は何割何分ですか。(片落し)

【計算式】 ￥19,200÷(￥640,000×73÷365)＝0.15　**【解答】** 1割5分

例題 年利率2.4％で￥745,000を貸し付け，期日に元利合計￥776,290を受け取った。貸付期間は何年何か月ですか。

【計算式】 (￥776,290－￥745,000)÷(￥745,000×0.024)＝1.75(1年と0.75か月)　**【解答】** 1年9か月

2．仕入原価（諸掛込原価）

公式 (仕入原価＋仕入諸掛)×(1＋利益率)＝定価

例題 商品360ダースを1ダース￥725で仕入れ，仕入諸掛￥4,000とあわせて支払った。この商品に諸掛込原価の16％の利益を見込んで定価をつけた。定価はいくらですか。

【計算式】 (360×￥725＋￥4,000)×(1＋0.16)＝￥307,400　**【解答】** ￥307,400

3. 売価の計算

公式
定　　価＝仕入原価×(1＋利益率)
売　　価＝定価×(1－値引率)
利 益 額＝売価－仕入原価

例題 次の空欄を求めなさい。

No.	仕入原価	利益率	定　価	割引率	売　価	利 益 額
1	¥ 100,000	25 %	¥(　①　)	15 %	¥(　②　)	¥(　③　)
2	¥ 490,000	(④)%	¥ 646,800	(⑤)%	¥ 569,184	¥(　⑥　)
3	¥(　⑦　)	16 %	¥ 668,160	(⑨)%	¥(　⑧　)	¥ 58,752

【計算式】 ① 仕入原価×(1＋利益率)＝¥100,000×(1＋0.25)＝¥125,000
② 定価×(1－値引率)＝¥125,000×(1－0.15)＝¥106,250
③ 売価－仕入原価＝¥106,250－¥100,000＝¥6,250
④ (定価－仕入原価)÷仕入原価＝(¥646,800－¥490,000)÷¥490,000=0.32
⑤ (定価－売価)÷定価＝(¥646,800－¥569,184)÷¥646,800=0.12
⑥ 売価－仕入原価＝¥569,184－¥490,000＝¥79,184
⑦ 定価÷(1＋利益率)＝¥668,160÷(1＋0.16)＝¥576,000
⑧ 仕入原価＋利益額＝¥576,000＋¥58,752＝¥634,752
⑨ (定価－売価)÷定価＝(¥668,160－¥634,752)÷¥668,160=0.05

例題 1個¥1,250の商品を480個仕入れ，12％の利益を見込んで定価をつけた。利益額はいくらですか。

【計算式】 利益額＝仕入原価×利益率
＝¥1,250×480×0.12＝¥72,000　　**【解答】** ¥72,000

例題 原価¥580,000の商品に25％利益を見込んで定価をつけたが，汚損品があったため¥667,000で販売した。値引率は何％ですか。

【計算式】 値引率＝(定価－売価)÷定価
＝¥580,000×(1＋0.25)＝¥725,000(定価)
(¥725,000－¥667,000)÷¥725,000=0.08　　**【解答】** 8%

例題 定価¥1,960,000の商品を1割4分引きで販売し，¥85,600の利益を得た。この商品の原価はいくらですか。

【計算式】 仕入原価＝売価－利益額　　※売価＝定価×(1－値引率)
＝¥1,960,000×(1－0.14)－¥85,600＝¥1,600,000　　**【解答】** ¥1,600,000

例題 原価に3割の利益を見込んで定価をつけ，定価の8掛で販売した商品の売価が¥280,800であった。この商品の原価はいくらですか。

【計算式】 仕入原価＝定価÷(1＋利益率)　　※定価＝売価÷(1－値引率)
＝¥280,800÷0.8÷(1＋0.3)＝¥270,000　　**【解答】** ¥270,000

伝票算

- 伝票算は、入金伝票9枚と出金伝票6枚の合計15枚が順不同に綴じられています。A～Dの商品ごとの合計金額と、入金伝票の合計金額、および入金伝票合計と出金伝票合計の差額を求める問題が出題されます。(検定試験では解答欄は5か所ですので、A～Dの商品のうち、3つを解答します。)
- 各ページには、金額が（　　）となっている箇所がある場合があります。その際には各自で（　　）の金額を計算する必要があります。
- A商品の合計金額を計算するには、伝票をめくりながらA商品の金額だけをたし算します。(B、C、D商品の合計金額を計算するのも同様です。)
- 入金伝票合計と出金伝票合計の差額を計算するには、入金伝票合計－出金伝票合計の計算を独立メモリー内で行います。

【例題】 次の計算をしなさい。

(1)　A商品の現金売上合計はいくらですか。　　解答 ¥ a

(2)　B商品の現金売上合計はいくらですか。　　解答 ¥ b

(3)　D商品の現金売上合計はいくらですか。　　解答 ¥ c

(4)　入金伝票の合計はいくらですか。　　解答 ¥ d

(5)　入金伝票合計と出金伝票合計の差額はいくらですか。　　解答 ¥ e

入金伝票 No 1　○年 ○月 ○日　承認印　主帳印　会計印　係印

科目	売上	入金先	○○商店 殿

摘要	金額
A 商品	50
B 商品	160
C 商品	(　　)
D 商品	240
合計	760

出金伝票 No 2　○年 ○月 ○日　承認印　主帳印　会計印　係印

科目	仕入	支払先	○○商店 殿

摘要	金額
A 商品	60
B 商品	120
C 商品	100
D 商品	90
合計	370

入金伝票 No 3　○年 ○月 ○日　承認印　主帳印　会計印　係印

科目	売上	入金先	○○商店 殿

摘要	金額
A 商品	80
B 商品	80
C 商品	150
D 商品	50
合計	(　　)

出金伝票 No 4　○年 ○月 ○日　承認印　主帳印　会計印　係印

科目	仕入	支払先	○○商店 殿

摘要	金額
A 商品	(　　)
B 商品	160
C 商品	40
D 商品	90
合計	340

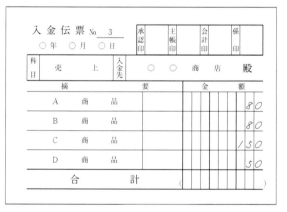

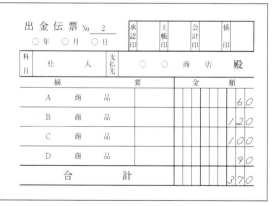

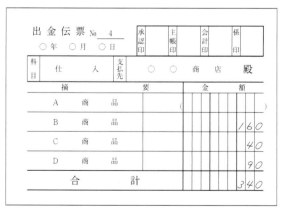

◇計算手順◇

1．No.1のC商品の金額を計算します。　【手順②】
2．No.3の合計の金額を計算します。　【手順③】
3．No.4のA商品の金額を計算します。　【手順④】
4．⑴A商品の現金売上合計を計算します（解答欄a）。入金伝票のみA商品の金額を加算します。　【手順⑤】
5．⑵B商品の現金売上合計を計算します（解答欄b）。入金伝票のみB商品の金額を加算します。　【手順⑥】
6．⑶D商品の現金売上合計を計算します（解答欄c）。入金伝票のみD商品の金額を加算します。　【手順⑦】
7．⑷入金伝票の合計を計算します（解答欄d）。この金額を解答欄に記入するとともに、メモリー入力します。　【手順⑧】
8．⑸出金伝票の合計を計算し、その値をメモリーマイナスに入力します。メモリー内の数値を呼び出すことで、入金伝票合計と出金伝票合計の差額（解答欄e）が求められます。　【手順⑨⑩】

◇キー操作◇

手順	キー操作	解答欄	表示
手順①：	シャープ製 [CA] ／カシオ製 [AC]		0.
手順②：	[7][6][0][−][5][0][−][1][6][0][−][2][4][0][=]		310.
手順③：	[8][0][+][8][0][+][1][5][0][+][5][0][=]		360.
手順④：	[3][4][0][−][1][6][0][−][4][0][−][9][0][=]		50.
手順⑤：	[5][0][+][8][0][=]	a	130.
手順⑥：	[1][6][0][+][8][0][=]	b	240.
手順⑦：	[2][4][0][+][5][0][=]	c	290.
手順⑧：	[7][6][0][+][3][6][0][M+]	d	1120.
手順⑨：	[3][7][0][+][3][4][0][M−]		710.
手順⑩：	シャープ製 [RM] ／カシオ製 [MR]	e	410.

◆本書に添付の伝票算は、ページをずらして使用することにより、1冊で16回分の練習ができるようになっています。本試験とは形式が異なりますが、学習者の利便性を考慮した上での形式とご理解ください。なお、各回のページは下記のとおりです。

第1回	第2回	第3回	第4回	第5回	第6回	第7回	第8回
1～15	2～16	3～17	4～18	5～19	6～20	7～21	8～22
第9回	第10回	第11回	第12回	第13回	第14回	第15回	第16回
9～23	10～24	11～25	12～26	13～27	14～28	15～29	16～30

主催　公益社団法人　全国経理教育協会　　後援　文部科学省

第１回計算実務能力検定模擬試験

試験場校
受験番号
採　点

【禁無断転載】
制限時間50分

３　級

帳票計算

第１問　次の仕訳帳および現金勘定を完成しなさい。(20点)　●印@２点×10＝20点

仕　訳　帳　28

令和×1年		摘要		元丁	借方	貸方
		前ページから繰越			6,288,055	6,288,055
9	10	諸口	(売上)	48		647,715
		(現金)		1	(● 193,519)	
		(売掛金)		4	454,196	
	13	(受取手形)		3	186,411	
			(売掛金)	4		(186,411)
	17	(仕入)	諸口	58	(● 377,903)	
			(現金)	1		125,791
			(買掛金)	20		(● 252,112)
	19	(買掛金)		20	145,169	
			(支払手形)	19		(145,169)
	21	(備品)	諸口	16	259,196	
			(現金)	1		38,448
			(未払金)	22		(● 220,748)
		次ページへ繰越			(● 7,904,449)	7,904,449

現　金　1

令和×1年		摘要	仕丁	借方	貸方	借又は貸	残高
9	1	前月繰越	√	2,998,235		借	2,998,235
	3	買掛金	27		318,752	〃	(● 2,679,483)
	7	売掛金	〃	202,163		〃	2,881,646
	10	売上	28	(● 193,519)		〃	3,075,165
	17	仕入	〃		(125,791)	〃	2,949,374
	21	備品	〃		38,448	〃	(● 2,910,926)
	25	仕入	29		(● 136,849)	〃	2,774,077
	27	売上	〃	(588,199)		〃	3,362,276
	28	未払金	30		110,595	〃	(3,251,681)
	30	**次月繰越**	√		(3,251,681)		
				(3,982,116)	(● 3,982,116)		

第２問　伝票を用いて次の計算をしなさい。(20点)　**【別冊伝票算 P. 1 ～ P. 15】**　@４点×５＝20点

(1) A商品の現金売上合計はいくらですか。　¥ 1,758,620
(2) C　〃　〃　¥ 1,545,860
(3) D　〃　〃　¥ 1,425,481
(4) 入金伝票の合計はいくらですか。　¥ 6,579,955
(5) 入金伝票合計と出金伝票合計の差額はいくらですか。　¥ 4,871,761

商業計算は裏面に

第３問　次の売上帳を完成しなさい。(10点)　●印@１点×10＝10点

売　上　帳　10

令和×1年		摘要			内訳	金額
		前ページから繰越				20,698,315
9	10	(北海道商店)		掛		
		A商品	2,940個	@¥ 574	(● 1,687,560)	
		B商品	(● 1,054)個	@¥ 408	430,032	
		C商品	4,807個	@¥ 759	(3,648,513)	
		D商品	8,426個	@¥ (680)	5,729,680	(● 11,495,785)
	11	(青森商店)		小切手・掛		
		E商品	5,718個	@¥ 166	(● 949,188)	
		F商品	6,093個	@¥ (● 498)	3,034,314	
		G商品	(● 3,675)個	@¥ 922	3,388,350	7,371,852
	12	(秋田商店)		約束手形		
		H商品	(● 7,381)個	@¥ 587	4,332,647	
		I商品	5,930個	@¥ 135	(● 800,550)	
		J商品	8,017個	@¥ (● 793)	6,357,481	(11,490,678)
		次ページへ繰越				(● 51,056,630)

商業計算

第１問　次の計算をしなさい。(32点)　@４点×８＝32点

(1) １個¥1,250の商品を480個仕入れ，12％の利益を見込んで定価をつけた。利益額はいくらですか。
¥1,250×480×0.12＝¥72,000　答 ¥ 72,000

(2) 元金¥852,000を５月24日から７月22日まで年利率1.25％で貸し付けた。期日に受け取る利息はいくらですか。
(両端入れ，円未満切り捨て)
¥852,000×0.0125×60÷365＝¥1,750　答 ¥ 1,750

(3) 原価¥580,000の商品に25％の利益を見込んで定価をつけたが，汚損品があったため¥667,000で販売した。値引率は何％ですか。
¥580,000×(１＋0.25)＝¥725,000　(¥725,000－¥667,000)÷¥725,000＝0.08　答 8 ％

(4) 元金¥750,000を年利率3.6％で１年６か月借り入れた。期日に支払う元利合計はいくらですか。
¥750,000＋(¥750,000×0.036×1.5)＝¥790,500　答 ¥ 790,500

(5) 定価¥1,960,000の商品を１割４分引きで販売し，¥85,600の利益を得た。この商品の原価はいくらですか。
¥1,960,000×(１－0.14)－¥85,600＝¥1,600,000　答 ¥ 1,600,000

(6) 元金¥640,000を８月16日から10月28日まで借り入れ，利息¥19,200を支払った。借入年利率は何割何分ですか。(片落し)
¥19,200÷(¥640,000×73÷365)＝0.15　答 1 割 5 分

(7) 商品360ダースを１ダース¥725で仕入れ，仕入諸掛¥4,000とあわせて支払った。この商品に諸掛込原価の16％の利益を見込んで定価をつけた。定価はいくらですか。
(360×725＋¥4,000)×(１＋0.16)＝¥307,400　答 ¥ 307,400

(8) 年利率2.4％で¥745,000を貸し付け，期日に元利合計¥776,290を受け取った。貸付期間は何年何か月ですか。
(¥776,290－¥745,000)÷(¥745,000×0.024)＝1.75(１年と0.75か月)　答 1 年 9 か月

第２問　次の空欄を求めなさい。(18点)　●印@３点×６＝18点

(1) (円未満四捨五入)

No.	仕入原価	利益率	定価	割引率	売価	利益額
1	¥ 386,000	25 ％	¥ (482,500)	6 ％	●¥ (453,550)	¥ (67,550)
2	¥ 490,000	(32) ％	¥ 646,800	● (12) ％	¥ 569,184	¥ (79,184)
3	●¥ (576,000)	16 ％	¥ 668,160	(5) ％	¥ (634,752)	¥ 58,752

(2) (片落し，円未満切り捨て)

No.	元金	年利率	期間	利息	元利合計
1	●¥ (578,000)	(4.6) ％	1年3か月	¥ 33,235	¥ 611,235
2	¥ 1,940,000	7.3 ％	● (68) 日	¥ (26,384)	¥ 1,966,384
3	¥ 236,800	3.8 ％	5月13日～8月27日	●¥ (2,613)	¥ (239,413)

主催　公益社団法人　全国経理教育協会　　後援　文部科学省

第２回計算実務能力検定模擬試験

試験場校
受験番号
採　点

【禁無断転載】

制限時間50分

３　級

帳 票 計 算

第１問　次の仕訳帳および売掛金勘定を完成しなさい。（20点）　●印@２点×10＝20点

仕　訳　帳　18

令和×1年		摘　要		元丁	借　方	貸　方
		前ページから繰越			8,207,108	8,207,108
12	10	（当座預金）		2	591,684	
			（売掛金）	4		（591,684）
	12	諸口	（受取手形）	3		（407,744）
		（当座預金）		2	（● 405,349）	
		（手形売却損）		61	2,395	
	17	（受取手形）		3	（752,544）	
			（売掛金）	4		752,544
	18	（仕入）	諸口	48	803,415	
			（支払手形）	21		（● 328,772）
			（買掛金）	22		474,643
	21	諸口	（売上）	38		661,478
		（現金）		1	25,380	
		（売掛金）		4	（● 636,098）	
		次ページへ繰越			（● 11,423,973）	11,423,973

売　掛　金　4

令和×1年		摘　要	仕丁	借　方	貸　方	借又は貸	残　高
12	1	前月繰越	√	2,742,269		借	2,742,269
	3	売上	17	（● 201,124）		〃	2,943,393
	6	売上	〃	513,706		〃	（● 3,457,099）
	10	当座預金	18		（● 591,684）	〃	（2,865,415）
	17	受取手形	〃		752,544	〃	2,112,871
	21	売上	〃	（636,098）		〃	2,748,969
	26	諸口	19		1,005,779	〃	（● 1,743,190）
	28	受取手形	〃		（● 263,141）	〃	1,480,049
	31	**次月繰越**	√		**1,480,049**		
				（4,093,197）	（● 4,093,197）		

第２問　伝票を用いて次の計算をしなさい。（20点）　**【別冊伝票算 P. 2 ～ P. 16】**　@４点×５＝20点

(1) A商品の現金売上合計はいくらですか。　¥ 1,758,752

(2) B　〃　〃　¥ 1,847,940

(3) D　〃　〃　¥ 1,394,490

(4) 入金伝票の合計はいくらですか。　¥ 6,360,487

(5) 入金伝票合計と出金伝票合計の差額はいくらですか。　¥ 4,652,293

商業計算は裏面に

第３問　次の仕入帳を完成しなさい。（10点）　●印@１点×10＝10点

仕　入　帳　5

令和×1年		摘　要				内　訳	金　額
		前ページから繰越					50,175,793
12	14	（岩手商店）			約束手形		
		A 商品	2,896 個	@¥	926	（● 2,681,696）	
		B 商品	（● 6,707）個	@¥	764	5,124,148	
		C 商品	1,344 個	@¥	（● 381）	512,064	
		D 商品	8,528 個	@¥	239	（● 2,038,192）	（10,356,100）
	18	（山形商店）			小切手		
		E 商品	（● 2,175）個	@¥	343	746,025	
		F 商品	4,211 個	@¥	（652）	2,745,572	
		G 商品	7,860 個	@¥	119	（● 935,340）	（● 4,426,937）
	21	（宮城商店）			掛		
		H 商品	4,599 個	@¥	（● 385）	1,770,615	
		I 商品	7,432 個	@¥	668	（4,964,576）	
		J 商品	（● 6,083）個	@¥	500	3,041,500	（9,776,691）
		次ページへ繰越					（● 74,735,521）

商 業 計 算

第１問　次の計算をしなさい。（32点）　@４点×８＝32点

(1) 元金¥388,000を12月12日から翌年の２月23日まで年利率3.2%で借り入れた。期日に支払う支払利息はいくらですか。
（片落し，円未満切り上げ）
¥388,000×0.032×73÷365＝¥2,484　　答 ¥ 2,484

(2) １個¥840の商品を125ダース仕入れ，仕入諸掛¥35,000とあわせて支払った。諸掛込原価に２割８分の利益を見込んで定価をつけた。定価はいくらですか。
(840×125×12＋¥35,000)×(１＋0.28)＝¥1,657,600　　答 ¥ 1,657,600

(3) 年利率4.8%で１年６か月借り入れ，期日に元利合計¥509,200を支払った。元金はいくらですか。
¥509,200÷(１＋0.048×1.5)＝¥475,000　　答 ¥ 475,000

(4) 原価¥340,000の商品に２割２分の利益を見込んで定価をつけた。この商品を¥394,060で販売すると，値引率は何%ですか。
¥340,000×(１＋0.22)＝¥414,800　(¥414,800－¥394,060)÷¥414,800＝0.05　　答 5 %

(5) 元金¥760,000を年利率3.5%で146日間貸し付けた。期日に受け取る元利合計はいくらですか。
¥760,000×(１＋0.035×146÷365)＝¥770,640　　答 ¥ 770,640

(6) 原価¥188,000の商品に25%の利益を見込んで定価をつけたが，傷があったので12%の値引きをして販売した。売価はいくらですか。
（円未満四捨五入）
¥188,000×(１＋0.25)×(１－0.12)＝¥206,800　　答 ¥ 206,800

(7) 元金¥365,000を７月18日から10月20日まで貸し付け，期日に利息¥3,230を受け取った。年利率は何分何厘ですか。（両端入れ）
¥3,230÷(¥365,000×95÷365)＝0.034　　答 3 分 4 厘

(8) 原価に３割の利益を見込んで定価をつけ，定価の８掛で販売した商品の売価が¥280,800であった。この商品の原価はいくらですか。
¥280,800÷0.8÷(１＋0.3)＝¥270,000　　答 ¥ 270,000

第２問　次の空欄を求めなさい。（18点）　●印@３点×６＝18点

(1) （円未満四捨五入）

No.	仕入原価	利益率	定価	値引率	売価	利益額
1	¥ 913,000	32 %	¥（1,205,160）	12 %	¥（1,060,541）	●¥（147,541）
2	●¥（265,000）	18 %	¥ 312,700	（8）%	¥ 287,684	¥（22,684）
3	¥ 809,000	●（26）%	¥（1,019,340）	9 %	¥（927,599）	¥ 118,599

(2) （両端入れ，円未満切り上げ）

No.	元金	年利率	期間	利息	元利合計
1	¥ 2,380,000	●（2.1）%	1年4か月	¥ 66,640	¥（2,446,640）
2	¥ 730,000	3.4 %	10月21日～1月13日	●¥（5,780）	¥（735,780）
3	●¥（1,850,000）	2.6 %	9か月	¥（36,075）	¥ 1,886,075

主催　公益社団法人　全国経理教育協会　　後援　文部科学省

第３回計算実務能力検定模擬試験

【禁無断転載】

制限時間50分

３　級

試験場校

受験番号

採　点

帳票計算

第１問　次の仕訳帳および当座預金勘定を完成しなさい。(20点)　　●印@２点×10＝20点

仕　訳　帳　　31

令和×1年		摘	要	元丁	借方	貸方
		前ページから繰越			4,759,874	4,759,874
9	9	(仕　入)	諸　口	26	628,488	
			(当座預金)	2		(385,036)
			(支払手形)	12		243,452
	13	(備　品)	諸　口	10	(● 112,904)	
			(現　金)	1		14,252
			(未払金)	14		(98,652)
	17	諸　口	(売　上)	20		(● 1,879,951)
		(当座預金)		2	753,844	
		(売掛金)		4	1,126,107	
	18	(仕　入)	諸　口	26	(● 590,880)	
			(当座預金)	2		314,879
			(買掛金)	13		276,001
	20	諸　口	(売掛金)	4		769,963
		(当座預金)		2	(309,511)	
		(受取手形)		3	460,452	
		次ページへ繰越			(● 8,742,060)	8,742,060

当　座　預　金　　2

令和×1年		摘要	仕丁	借方	貸方	借又は貸	残高
9	1	前月繰越	√	598,012		借	598,012
	5	売掛金	30	213,513		〃	(811,525)
	9	仕入	31		(● 385,036)	〃	(426,489)
	17	売上	〃	753,844		〃	1,180,333
	18	仕入	〃		(314,879)	〃	(● 865,454)
	20	売掛金	〃	(● 309,511)		〃	1,174,965
	24	買掛金	32		1,526,563	貸	(● 351,598)
	27	受取手形	〃	(● 443,923)		借	(92,325)
	30	**次月繰越**	√		**92,325**		
				(2,318,803)	(● 2,318,803)		

第２問　伝票を用いて次の計算をしなさい。(20点)　**【別冊伝票算 P. 3 ～ P. 17】**　　@４点×５＝20点

(1)　B商品の現金売上合計はいくらですか。　¥ 1,568,554

(2)　C　〃　〃　¥ 1,278,463

(3)　D　〃　〃　¥ 1,254,473

(4)　入金伝票の合計はいくらですか。　¥ 6,700,035

(5)　入金伝票合計と出金伝票合計の差額はいくらですか。　¥ 4,991,841

商業計算は裏面に

第３問　次の売上帳を完成しなさい。(10点)　　●印@１点×10＝10点

売　上　帳　　10

令和×1年		摘要			内訳	金額
		前ページから繰越				35,515,152
9	5	(福島商店)		約束手形		
		A　商品	4,445 個	@¥ (● 800)	3,556,000	
		B　商品	2,777 個	@¥ 575	(● 1,596,775)	
		C　商品	(● 5,611) 個	@¥ 729	4,090,419	
		D　商品	6,073 個	@¥ 392	(2,380,616)	(● 11,623,810)
	11	(茨城商店)		小切手		
		E　商品	(● 8,224) 個	@¥ 338	2,779,712	
		F　商品	1,165 個	@¥ 920	(● 1,071,800)	
		G　商品	7,333 個	@¥ (544)	3,989,152	(7,840,664)
	17	(栃木商店)		掛		
		H　商品	2,590 個	@¥ 762	(● 1,973,580)	
		I　商品	8,798 個	@¥ (● 716)	6,299,368	
		J　商品	(● 6,437) 個	@¥ 153	984,861	9,257,809
		次ページへ繰越				(● 64,237,435)

商業計算

第１問　次の計算をしなさい。(32点)　　@４点×８＝32点

(1)　１個¥480の商品を750個仕入れ，仕入諸掛¥13,600とあわせて支払った。この商品の諸掛込原価の18%の利益を見込んで定価をつけた。定価はいくらですか。

(¥480×750＋¥13,600)×(1＋0.18)＝¥440,848　　答　¥ 440,848

(2)　元金¥365,000を年利率2.8%で６月30日から８月30日まで借り入れた。期日に支払う利息はいくらですか。(両端入れ，円未満切り捨て)

¥365,000×0.028×62÷365＝¥1,736　　答　¥ 1,736

(3)　定価¥514,000の商品を¥43,176値引きして販売した。値引率は何%ですか。

¥43,176÷¥514,000＝0.084　　答　8.4 %

(4)　元金¥1,800,000を１年３か月間貸し付け，期日に利息¥153,000を受け取った。貸付年利率は何分何厘ですか。

¥153,000÷(¥1,800,000×1.25)＝0.068　　答　6 分 8 厘

(5)　原価¥352,000の商品に18%の利益を見込んで定価をつけ，定価の５%引きで販売した。売価はいくらですか。

¥352,000×(1＋0.18)×(1－0.05)＝¥394,592　　答　¥ 394,592

(6)　元金¥2,800,000を年利率3.4%で２年８か月間借り入れた。期日に支払う元利合計はいくらですか。(円未満切り上げ)

¥2,800,000×(1＋0.034×32÷12)＝¥3,053,867　　答　¥ 3,053,867

(7)　ある商品を原価の３割５分の利益を見込んで定価をつけ，定価の８掛の¥518,400で販売した。この商品の原価はいくらですか。

¥518,400÷{(1＋0.35)×0.8}＝¥480,000　　答　¥ 480,000

(8)　６月７日に元金¥560,000を年利率2.4%で借り入れ，期日に利息¥5,376を支払った。借入期間は何日間ですか。

¥5,376÷(¥560,000×0.024÷365)＝146　　答　146 日

第２問　次の空欄を求めなさい。(18点)　　●印@３点×６＝18点

(1)　(円未満四捨五入)

No.	仕入原価	利益率	定価	割引率	売価	利益額
1	¥ 694,000	● (25) %	¥ 867,500	7 %	¥ (806,775)	¥ (112,775)
2	¥ 372,000	17 %	¥ (435,240)	8 %	●¥ (400,421)	¥ (28,421)
3	¥ (785,000)	24 %	¥ 973,400	(13) %	¥ 846,858	●¥ (61,858)

(2)　(片落し，円未満切り捨て)

No.	元金	年利率	期間	利息	元利合計
1	¥ 562,000	● (3.4) %	1年3か月	¥ 23,885	¥ (585,885)
2	●¥ (490,000)	3.6 %	7月21日～10月2日	¥ (3,528)	¥ 493,528
3	¥ 1,680,000	1.9 %	87日	¥ (7,608)	●¥ (1,687,608)

主催　公益社団法人　全国経理教育協会　　後援　文部科学省

第４回計算実務能力検定模擬試験

試験場校
受験番号
採　点

【禁無断転載】

制限時間50分

３　級

帳 票 計 算

第１問　次の仕訳帳および現金勘定を完成しなさい。(20点)　●印@２点×10＝20点

仕　訳　帳　26

令和×1年		摘　要		元丁	借　方	貸　方
		前ページから繰越			5,812,874	5,812,874
12	6	(仕　入)	諸　口	40	542,386	
			(現　金)	1		(217,488)
			(支払手形)	18		324,898
	11	(受取手形)		3	(139,982)	
			(売掛金)	4		139,982
	17	諸　口	(売　上)	30		(● 753,406)
		(現　金)		1	(● 314,155)	
		(売掛金)		4	439,251	
	20	(買掛金)		19	75,845	
			(当座預金)	2		(75,845)
	25	(備　品)	諸　口	15	187,296	
			(現　金)	1		147,198
			(未払金)	22		(● 40,098)
		次ページへ繰越			(● 7,511,789)	7,511,789

現　金　1

令和×1年		摘　要	仕丁	借　方	貸　方	借又は貸	残　高
12	1	前月繰越	√	2,920,998		借	2,920,998
	3	買掛金	25		530,333	〃	(2,390,665)
	5	売掛金	〃	(● 328,433)		〃	2,719,098
	6	仕入	26		(● 217,488)	〃	2,501,610
	17	売上	〃	(314,155)		〃	(● 2,815,765)
	25	備品	〃		147,198	〃	2,668,567
	26	仕入	27		(416,768)	〃	2,251,799
	27	売上	〃	(641,854)		〃	2,893,653
	30	未払金	28		50,151	〃	(● 2,843,502)
	31	**次月繰越**	√		(● **2,843,502**)		
				(● 4,205,440)	(4,205,440)		

第２問　伝票を用いて次の計算をしなさい。(20点)　**【別冊伝票算 P. 4 ～ P. 18】**　@４点×５＝20点

(1) A商品の現金売上合計はいくらですか。	¥	2,598,545
(2) B　〃　〃	¥	1,568,554
(3) D　〃　〃	¥	1,254,473
(4) 入金伝票の合計はいくらですか。	¥	6,700,035
(5) 入金伝票合計と出金伝票合計の差額はいくらですか。	¥	4,634,512

商業計算は裏面に

第３問　次の仕入帳を完成しなさい。(10点)　●印@１点×10＝10点

仕　入　帳　4

令和×1年		摘　要			内　訳	金　額
		前ページから繰越				59,030,164
11	17	(群馬商店)		掛		
		A 商品	(● 5,680) 個	@¥ 415	2,357,200	
		B 商品	6,497 個	@¥ 477	(● 3,099,069)	
		C 商品	3,702 個	@¥ (● 853)	3,157,806	
		D 商品	8,361 個	@¥ 132	(1,103,652)	(● 9,717,727)
	21	(埼玉商店)		小切手		
		E 商品	9,015 個	@¥ (660)	5,949,900	
		F 商品	(● 4,106) 個	@¥ 304	1,248,224	
		G 商品	2,973 個	@¥ 196	(● 582,708)	(7,780,832)
	24	(千葉商店)		約束手形		
		H 商品	(● 8,530) 個	@¥ 579	4,938,870	
		I 商品	7,264 個	@¥ 541	(● 3,929,824)	
		J 商品	1,842 個	@¥ (● 823)	1,515,966	(10,384,660)
		次ページへ繰越				(● 86,913,383)

商 業 計 算

第１問　次の計算をしなさい。(32点)　@４点×８＝32点

(1) 元金¥1,095,000を年利率2.8%で１年３か月間貸し付けた。期日に受け取る元利合計はいくらですか。

¥1,095,000×(1＋0.028×1.25)＝¥1,133,325　　答 ¥ 1,133,325

(2) 1kgにつき¥670の商品を560kg仕入れ，仕入諸掛¥8,800とあわせて支払った。この商品に諸掛込原価の２割５分の利益を見込んで定価をつけた。定価はいくらですか。

(¥670×560＋¥8,800)×(1＋0.25)＝¥480,000　　答 ¥ 480,000

(3) 仕入原価¥96,000の商品に25%の利益を見込んで定価をつけたが，傷があったので，¥10,560値引きして販売した。利益率は何%ですか。

¥96,000×(1＋0.25)－¥10,560＝¥109,440　　(¥109,440－¥96,000)÷¥96,000＝0.14　　答 14 %

(4) ¥685,000を年利率3.1%で，12月24日から翌年２月25日まで貸し付けた。期日に受け取る利息はいくらですか。(片落し，円未満四捨五入)

¥685,000×0.031×63÷365＝¥3,665　　答 ¥ 3,665

(5) 原価に１割６分の利益を見込んで定価をつけ，定価の８分引きで売った商品の利益が¥18,816であった。この商品の原価はいくらですか。

¥18,816÷{(1＋0.16)×(1－0.08)－1}＝¥280,000　　答 ¥ 280,000

(6) 年利3.8%で146日間借り入れ，期日に元利合計¥507,600を支払った。元金はいくらでしたか。

¥507,600÷(1＋0.038×146÷365)＝¥500,000　　答 ¥ 500,000

(7) 定価¥625,000の商品を15%値引きして販売し，¥13,750の損失を生じた。この商品の原価はいくらですか。

¥625,000×(1－0.15)＋¥13,750＝¥545,000　　答 ¥ 545,000

(8) 元金¥4,030,000を１年６か月間借り入れ，期日に利息¥205,530を支払った。借入利率は年何分何厘ですか。

¥205,530÷(¥4,030,000×1.5)＝0.034　　答 3 分 4 厘

第２問　次の空欄を求めなさい。(18点)　●印@３点×６＝18点

(1) (円未満四捨五入)

No.	仕入原価	利益率	定　価	割引率	売　価	利益額
1	●¥ (9,682,000)	25 %	¥ 12,102,500	8 %	¥ (11,134,300)	¥ (1,452,300)
2	¥ 175,000	(34) %	¥ 234,500	12 %	¥ (206,360)	●¥ (31,360)
3	¥ 4,315,000	18 %	¥ (5,091,700)	● (9) %	¥ 4,633,447	¥ (318,447)

(2) (両端入れ，円未満切り捨て)

No.	元　金	年利率	期　間	利　息	元利合計
1	¥ 6,370,000	3.4 %	1年7か月	¥ (342,918)	●¥ (6,712,918)
2	¥ 3,940,000	● (2.6) %	3か月	¥ 25,610	¥ (3,965,610)
3	●¥ (485,000)	4.2 %	11月17日～1月28日	¥ (4,074)	¥ 489,074

主催　公益社団法人　全国経理教育協会　　後援　文部科学省

第５回計算実務能力検定模擬試験

試験場校
受験番号
採　点

【禁無断転載】
制限時間50分

３　級

帳 票 計 算

第１問　次の仕訳帳および買掛金勘定を完成しなさい。（20点）　●印@２点×10＝20点

仕　訳　帳　20

令和×1年		摘　要		元丁	借　方	貸　方
		前ページから繰越			5,151,530	5,151,530
9	8	（仕　入）	諸　口	39	594,604	
			（支払手形）	14		265,802
			（買掛金）	15		（● 328,802）
	10	諸　口	（売　上）	30		652,004
		（当座預金）		2	230,402	
		（売掛金）		4	（● 421,602）	
	16	（仕　入）		39	330,504	
			（買掛金）	15		（330,504）
	19	（買掛金）	諸　口	15	（● 648,819）	
			（現　金）	1		212,017
			（支払手形）	14		436,802
	25	（給　料）	諸　口	46	808,041	
			（当座預金）	2		（● 798,965）
			（預り金）	18		9,076
		次ページへ繰越			（8,185,502）	（● 8,185,502）

買　掛　金　15

令和×1年		摘　要	仕丁	借　方	貸　方	借又は貸	残　高
9	1	前月繰越	√		123,205	貸	123,205
	3	仕　入	19		477,281	〃	（● 600,486）
	4	支払手形	〃	402,811		〃	197,675
	5	当座預金	〃	25,545		〃	172,130
	8	仕　入	20		（328,802）	〃	（● 500,932）
	16	仕　入	〃		330,504	〃	831,436
	19	諸　口	〃	（● 648,819）		〃	182,617
	26	仕　入	21		266,637	〃	（449,254）
	30	次月繰越	√	（● 449,254）			
				（1,526,429）	（● 1,526,429）		

第２問　伝票を用いて次の計算をしなさい。（20点）　**【別冊伝票算 P. 5 ～ P. 19】**　@４点×５＝20点

(1)　A商品の現金売上合計はいくらですか。　¥ 2,574,160
(2)　B　〃　〃　¥ 2,284,122
(3)　D　〃　〃　¥ 2,074,838
(4)　入金伝票の合計はいくらですか。　¥ 8,226,258
(5)　入金伝票合計と出金伝票合計の差額はいくらですか。　¥ 6,160,735

商業計算は裏面に

第３問　次の売上帳を完成しなさい。（10点）　●印@１点×10＝10点

売　上　帳　6

令和×1年		摘　要			内　訳	金　額
		前ページから繰越				47,880,605
9	12	（東京商店）		小切手・掛		
		A　商　品	5,089 個	@¥（● 559）	2,844,751	
		B　商　品	6,521 個	@¥ 331	（● 2,158,451）	
		C　商　品	（● 4,307）個	@¥ 806	3,471,442	（8,474,644）
	16	（神奈川商店）		小切手・約束手形		
		D　商　品	2,946 個	@¥ 655	（● 1,929,630）	
		E　商　品	8,150 個	@¥（● 878）	7,155,700	
		F　商　品	（● 3,267）個	@¥ 767	2,505,789	
		G　商　品	1,869 個	@¥ 521	（973,749）	（● 12,564,868）
	19	（山梨商店）		掛		
		H　商　品	（● 9,723）個	@¥ 142	1,380,666	
		I　商　品	7,601 個	@¥ 233	（● 1,771,033）	
		J　商　品	2,480 個	@¥（350）	868,000	（4,019,699）
		次ページへ繰越				（● 72,939,816）

商 業 計 算

第１問　次の計算をしなさい。（32点）　@４点×８＝32点

(1)　¥693,000 を年利率2.3%で68日間借り入れた。支払利息はいくらですか。（円未満四捨五入）
　¥693,000×0.023×68÷365＝¥2,969　　答 ¥ 2,969

(2)　ある商品を125個仕入れ，原価の23%の利益を見込んで ¥590,400 で全部販売した。１個あたりの原価はいくらですか。
　¥590,400÷（1＋0.23）÷125＝¥3,840　　答 ¥ 3,840

(3)　年利率2.5%で ¥648,000 を貸し付け，期日に元利合計 ¥675,000 を受け取った。貸付期間は何年何か月ですか。
　（¥675,000－¥648,000）÷（¥648,000×0.025÷12）＝20（20か月）　　答 1 年 8 か月

(4)　１ダース ¥480 の商品を625ダース仕入れ，仕入諸掛 ¥20,000 とあわせて支払った。この商品に２割５分の利益を見込んで定価をつけた。１ダースあたりの定価はいくらですか。
　（¥480×625＋¥20,000）×（1＋0.25）÷625＝¥640　　答 ¥ 640

(5)　元金 ¥650,000 を年利率2.9%で６月27日から８月27日まで借り入れた。期日に支払う元利合計はいくらですか。（両端入れ，円未満切り上げ）
　¥650,000＋（¥650,000×0.029×62÷365）＝¥653,202　　答 ¥ 653,202

(6)　原価 ¥570,000 の商品に22%の利益を見込んで定価をつけたが，特売日のため ¥639,768 で販売した。値引率は何%ですか。
　¥570,000×（1＋0.22）＝¥695,400　　（¥695,400－¥639,768）÷¥695,400＝0.08　　答 8 %

(7)　年利率2.4%で１年９か月間借り入れ，期日に元利合計 ¥260,500 を支払った。元金はいくらですか。
　¥260,500÷（1＋0.024×21÷12）＝¥250,000　　答 ¥ 250,000

(8)　定価 ¥187,350 の商品を８掛で販売したところ，¥4,120 の損失が生じた。この商品の原価はいくらですか。
　¥187,350×0.8＋¥4,120＝¥154,000　　答 ¥ 154,000

第２問　次の空欄を求めなさい。（18点）　●印@３点×６＝18点

(1)　（円未満四捨五入）

№	仕入原価	利益率	定　価	割引率	売　価	利益額
1	¥ 148,000	●（25）%	¥ 185,000	7 %	¥（172,050）	¥（24,050）
2	¥（2,180,000）	14 %	¥ 2,485,200	（8）%	¥ 2,286,384	●¥（106,384）
3	¥ 509,600	32 %	¥（672,672）	15 %	●¥（571,771）	¥（62,171）

(2)　（片落し，円未満切り上げ）

№	元　金	年利率	期　間	利　息	元利合計
1	¥ 765,000	●（1.8）%	１年３か月	¥ 17,213	¥（782,213）
2	●¥（470,000）	3.6 %	８か月	¥（11,280）	¥ 481,280
3	¥ 251,000	2.3 %	７月６日～９月15日	¥（1,123）	●¥（252,123）

主催　公益社団法人　全国経理教育協会　　後援　文部科学省

第1回計算実務能力検定模擬試験

試験場校

受験番号

採　点

制限時間50分

3　級

帳票計算

第1問　次の仕訳帳および現金勘定を完成しなさい。(20点)

仕　訳　帳

令和×1年		摘要		元丁	借方	貸方
		前ページから繰越			6,288,055	6,288,055
9	10	諸口	(売上)	48		647,715
		(現金)		1	(　)	
		(売掛金)		4	454,196	
	13	(受取手形)		3	186,411	
			(売掛金)	4		(　)
	17	(仕入)	諸口	58	(　)	
			(現金)	1		125,791
			(買掛金)	20		(　)
	19	(買掛金)		20	145,169	
			(支払手形)	19		(　)
	21	(備品)	諸口	16	259,196	
			(現金)	1		38,448
			(未払金)	22		(　)
		次ページへ繰越			(　)	7,904,449

第３問　次の売上帳を完成しなさい。(10点)

売　　上　　帳

10

令和×1年		摘要			内訳	金額
		前ページから繰越				20,698,315
9	10	(北海道商店)		掛		
		A 商品	2,940 個	@¥ 574	(　　)	
		B 商品	(　　)個	@¥ 408	430,032	
		C 商品	4,807 個	@¥ 759	(　　)	
		D 商品	8,426 個	@¥ (　　)	5,729,680	(　　)
	11	(青森商店)		小切手・掛		
		E 商品	5,718 個	@¥ 166	(　　)	
		F 商品	6,093 個	@¥ (　　)	3,034,314	
		G 商品	(　　)個	@¥ 922	3,388,350	7,371,852
	12	(秋田商店)		約束手形		
		H 商品	(　　)個	@¥ 587	4,332,647	
		I 商品	5,930 個	@¥ 135	(　　)	
		J 商品	8,017 個	@¥ (　　)	6,357,481	(　　)
		次ページへ繰越				(　　)

商業計算

第１問　次の計算をしなさい。(32点)

(1)　1個¥1,250の商品を480個仕入れ，12%の利益を見込んで定価をつけた。利益額はいくらですか。

答 ¥

主催　公益社団法人　全国経理教育協会　　後援　文部科学省

第2回計算実務能力検定模擬試験

試験場校
受験番号
採　点

制限時間50分

3　級

帳票計算

第1問　次の仕訳帳および売掛金勘定を完成しなさい。(20点)

仕　訳　帳　　18

令和×1年		摘要		元丁	借方	貸方
		前ページから繰越			8,207,108	8,207,108
12	10	(当座預金)		2	591,684	
			(売掛金)	4		(　　)
	12	諸口	(受取手形)	3		(　　)
		(当座預金)		2	(　　)	
		(手形売却損)		61	2,395	
	17	(受取手形)		3	(　　)	
			(売掛金)	4		752,544
	18	(仕入)	諸口	48	803,415	
			(支払手形)	21		(　　)
			(買掛金)	22		474,643
	21	諸口	(売上)	38		661,478
		(現金)		1	25,380	
		(売掛金)		4	(　　)	
		次ページへ繰越			(　　)	11,423,973

第３問 次の仕入帳を完成しなさい。(10点)

仕　　入　　帳

5

令和×1年		摘要				内訳	金額
		前ページから繰越					50,175,793
12	14	(岩手商店)			約束手形		
		A 商品	2,896 個	@¥	926	(　　)	
		B 商品	(　　)個	@¥	764	5,124,148	
		C 商品	1,344 個	@¥	(　　)	512,064	
		D 商品	8,528 個	@¥	239	(　　)	(　　)
	18	(山形商店)			小切手		
		E 商品	(　　)個	@¥	343	746,025	
		F 商品	4,211 個	@¥	(　　)	2,745,572	
		G 商品	7,860 個	@¥	119	(　　)	(　　)
	21	(宮城商店)			掛		
		H 商品	4,599 個	@¥	(　　)	1,770,615	
		I 商品	7,432 個	@¥	668	(　　)	
		J 商品	(　　)個	@¥	500	3,041,500	(　　)
		次ページへ繰越					(　　)

商　業　計　算

第１問 次の計算をしなさい。(32点)

(1) 元金¥388,000を12月12日から翌年の２月23日まで年利率3.2%で借り入れた。期日に支払う支払利息はいくらですか。
(片落し，円未満切り上げ)

主催　公益社団法人　全国経理教育協会　　後援　文部科学省

第3回計算実務能力検定模擬試験

試験場校

受験番号

採　点

制限時間50分

3　級

帳票計算

第1問　次の仕訳帳および当座預金勘定を完成しなさい。(20点)

仕　訳　帳

令和×1年		摘要		元丁	借方	貸方
		前ページから繰越			4,759,874	4,759,874
9	9	(仕入)	諸口	26	628,488	
			(当座預金)	2		(　　)
			(支払手形)	12		243,452
	13	(備品)	諸口	10	(　　)	
			(現金)	1		14,252
			(未払金)	14		(　　)
	17	諸口	(売上)	20		(　　)
		(当座預金)		2	753,844	
		(売掛金)		4	1,126,107	
	18	(仕入)	諸口	26	(　　)	
			(当座預金)	2		314,879
			(買掛金)	13		276,001
	20	諸口	(売掛金)	4		769,963
		(当座預金)		2	(　　)	

第３問　次の売上帳を完成しなさい。(10点)

売　上　帳

10

令和×1年		摘要				内訳	金額
		前ページから繰越					35,515,152
9	5	(福島商店)			約束手形		
		A 商品	4,445 個	@¥	(　)	3,556,000	
		B 商品	2,777 個	@¥	575	(　)	
		C 商品	(　)個	@¥	729	4,090,419	
		D 商品	6,073 個	@¥	392	(　)	(　)
	11	(茨城商店)			小切手		
		E 商品	(　)個	@¥	338	2,779,712	
		F 商品	1,165 個	@¥	920	(　)	
		G 商品	7,333 個	@¥	(　)	3,989,152	(　)
	17	(栃木商店)			掛		
		H 商品	2,590 個	@¥	762	(　)	
		I 商品	8,798 個	@¥	(　)	6,299,368	
		J 商品	(　)個	@¥	153	984,861	9,257,809
		次ページへ繰越					(　)

商業計算

第１問　次の計算をしなさい。(32点)

(1)　１個¥480の商品を750個仕入れ，仕入諸掛¥13,600とあわせて支払った。この商品の諸掛込原価の18%の利益を見込んで定価をつけた。定価はいくらですか。

主催　公益社団法人　全国経理教育協会　　後援　文部科学省

第4回計算実務能力検定模擬試験

試験場校

受験番号

採　　点

【禁無断転載】

制限時間50分

3　級

帳 票 計 算

第1問　次の仕訳帳および現金勘定を完成しなさい。(20点)

仕　訳　帳

令和×1年		摘要		元丁	借方	貸方
		前ページから繰越			5,812,874	5,812,874
12	6	(仕入)	諸口	40	542,386	
			(現金)	1		(　　)
			(支払手形)	18		324,898
	11	(受取手形)		3	(　　)	
			(売掛金)	4		139,982
	17	諸口	(売上)	30		(　　)
		(現金)		1	(　　)	
		(売掛金)		4	439,251	
	20	(買掛金)		19	75,845	
			(当座預金)	2		(　　)
	25	(備品)	諸口	15	187,296	
			(現金)	1		147,198
			(未払金)	22		(　　)
		次ページへ繰越			(　　)	7,511,789

第３問　次の仕入帳を完成しなさい。(10点)

仕　　入　　帳

令和×1年		摘　　要			内　訳	金　額
		前ページから繰越				59,030,164
11	17	(群馬商店)		掛		
		A 商品	(　　　)個	@¥ 415	2,357,200	
		B 商品	6,497 個	@¥ 477	(　　　)	
		C 商品	3,702 個	@¥ (　　　)	3,157,806	
		D 商品	8,361 個	@¥ 132	(　　　)	(　　　)
	21	(埼玉商店)		小切手		
		E 商品	9,015 個	@¥ (　　　)	5,949,900	
		F 商品	(　　　)個	@¥ 304	1,248,224	
		G 商品	2,973 個	@¥ 196	(　　　)	(　　　)
	24	(千葉商店)		約束手形		
		H 商品	(　　　)個	@¥ 579	4,938,870	
		I 商品	7,264 個	@¥ 541	(　　　)	
		J 商品	1,842 個	@¥ (　　　)	1,515,966	(　　　)
		次ページへ繰越				(　　　)

商業計算

第１問　次の計算をしなさい。(32点)

(1)　元金¥1,095,000を年利率2.8%で１年３か月間貸し付けた。期日に受け取る元利合計はいくらですか。

答　¥

主催　公益社団法人　全国経理教育協会　　後援　文部科学省

第5回計算実務能力検定模擬試験

試験場校

受験番号

採　点

制限時間50分

3　級

帳票計算

第1問　次の仕訳帳および買掛金勘定を完成しなさい。(20点)

仕　訳　帳

20

令和×1年		摘要		元丁	借方	貸方
		前ページから繰越			5,151,530	5,151,530
9	8	(仕入)	諸口	39	594,604	
			(支払手形)	14		265,802
			(買掛金)	15		(　　　)
	10	諸口	(売上)	30		652,004
		(当座預金)		2	230,402	
		(売掛金)		4	(　　　)	
	16	(仕入)		39	330,504	
			(買掛金)	15		(　　　)
	19	(買掛金)	諸口	15	(　　　)	
			(現金)	1		212,017
			(支払手形)	14		436,802
	25	(給料)	諸口	46	808,041	
			(当座預金)	2		(　　　)
			(預り金)	18		9,076

第3問 次の売上帳を完成しなさい。(10点)

売　上　帳

令和×1年		摘要			内訳	金額
		前ページから繰越				47,880,605
9	12	(東京商店)		小切手・掛		
		A 商品	5,089 個	@¥( )	2,844,751	
		B 商品	6,521 個	@¥ 331	( )	
		C 商品	( )個	@¥ 806	3,471,442	( )
	16	(神奈川商店)		小切手・約束手形		
		D 商品	2,946 個	@¥ 655	( )	
		E 商品	8,150 個	@¥( )	7,155,700	
		F 商品	( )個	@¥ 767	2,505,789	
		G 商品	1,869 個	@¥ 521	( )	( )
	19	(山梨商店)		掛		
		H 商品	( )個	@¥ 142	1,380,666	
		I 商品	7,601 個	@¥ 233	( )	
		J 商品	2,480 個	@¥( )	868,000	( )
		次ページへ繰越				( )

商業計算

第1問 次の計算をしなさい。(32点)

(1) ¥693,000を年利率2.3%で68日間借り入れた。支払利息はいくらですか。(円未満四捨五入)

答 ¥

主催　公益社団法人　全国経理教育協会　　後援　文部科学省

第６回計算実務能力検定模擬試験

試験場校

受験番号

採　点

制限時間50分

３　級

帳 票 計 算

第１問　次の仕訳帳および売掛金勘定を完成しなさい。(20点)

仕　訳　帳

令和×1年		摘要		元丁	借方	貸方
		前ページから繰越			9,640,415	9,640,415
12	11	(受取手形)		3	668,268	
			(売掛金)	4		(　　)
	12	諸口	(受取手形)	3		(　　)
		(当座預金)		2	(　　)	
		(手形売却損)		60	1,272	
	15	(当座預金)		2	(　　)	
			(売掛金)	4		685,392
	16	(仕入)	諸口	51	573,593	
			(支払手形)	20		224,634
			(買掛金)	21		(　　)
	17	諸口	(売上)	42		790,022
		(受取手形)		3	306,634	
		(売掛金)		4	(　　)	
		次ページへ繰越			(　　)	12,776,958

第３問　次の仕入帳を完成しなさい。(10点)

仕　　入　　帳

令和×1年		摘　　要			内　訳	金　額
		前ページから繰越				53,366,674
12	15	(長野商店)		掛		
		A 商品	(　　)個	@¥ 801	4,492,809	
		B 商品	2,316 個	@¥ 252	(　　)	
		C 商品	7,940 個	@¥ (　　)	913,100	
		D 商品	6,873 個	@¥ 873	(　　)	(　　)
	17	(新潟商店)		小切手・掛		
		E 商品	1,485 個	@¥ (　　)	635,580	
		F 商品	(　　)個	@¥ 219	1,796,019	
		G 商品	4,792 個	@¥ 864	(　　)	(　　)
	19	(富山商店)		小切手・約束手形		
		H 商品	3,127 個	@¥ (　　)	1,741,739	
		I 商品	6,058 個	@¥ 490	(　　)	
		J 商品	(　　)個	@¥ 686	6,540,324	(　　)
		次ページへ繰越				(　　)

商　業　計　算

第１問　次の計算をしなさい。(32点)

(1)　元金¥468,000を年利率1.6％で65日間貸し付けた。受取利息はいくらですか。(円未満切り上げ)

答　¥

主催　公益社団法人　全国経理教育協会　　後援　文部科学省

第7回計算実務能力検定模擬試験

3　級

試験場校

受験番号

採　点

制限時間50分

帳 票 計 算

第1問　次の仕訳帳および当座預金勘定を完成しなさい。(20点)

仕　訳　帳

令和×1年		摘要		元丁	借方	貸方
		前ページから繰越			3,132,715	3,132,715
9	6	(仕　入)	諸　口	28	(　　)	
			(当座預金)	2		451,557
			(買掛金)	12		273,268
	10	諸　口	(売　上)	20		(　　)
		(当座預金)		2	(　　)	
		(売掛金)		4	841,821	
	13	(仕　入)	諸　口	28	588,258	
			(当座預金)	2		(　　)
			(支払手形)	11		365,093
	16	(備　品)	諸　口	9	282,186	
			(現　金)	1		39,436
			(未払金)	16		(　　)
	21	諸　口	(売掛金)	4		759,227
		(当座預金)		2	(　　)	

第３問 次の売上帳を完成しなさい。(10点)

売　上　帳

5

令和×1年		摘要			内訳	金額
		前ページから繰越				22,806,950
9	13	(石川商店)		小切手・掛		
		A 商品	5,021 個	@¥ 857	(　　)	
		B 商品	3,907 個	@¥ (　　)	1,597,963	
		C 商品	(　　)個	@¥ 631	3,019,966	
		D 商品	1,530 個	@¥ 982	(　　)	(　　)
	16	(福井商店)		約束手形		
		E 商品	(　　)個	@¥ 296	2,145,408	
		F 商品	6,350 個	@¥ 508	(　　)	
		G 商品	2,819 個	@¥ (　　)	2,086,060	7,457,268
	21	(静岡商店)		掛		
		H 商品	9,104 個	@¥ 675	(　　)	
		I 商品	1,475 個	@¥ (　　)	463,150	
		J 商品	(　　)個	@¥ 290	2,500,670	(　　)
		次ページへ繰越				49,796,624

商業計算

第１問 次の計算をしなさい。(32点)

(1) 元金¥380,000を年利率2.8%で１年９か月借り入れた。期日に支払う元利合計はいくらですか。

答 ¥

主催　公益社団法人　全国経理教育協会　　後援　文部科学省

第8回計算実務能力検定模擬試験

試験場校 ＿＿＿＿＿＿

受験番号 ＿＿＿＿＿＿

採　点 ＿＿＿＿＿＿

制限時間50分

3　級

帳票計算

第1問　次の仕訳帳および現金勘定を完成しなさい。(20点)

仕　訳　帳

令和×1年		摘要		元丁	借方	貸方
		前ページから繰越			7,107,799	7,107,799
12	7	(仕入)	諸口	39	620,612	
			(現金)	1		(　　)
			(買掛金)	19		432,636
	10	(受取手形)		3	(　　)	
			(売掛金)	4		248,272
	17	諸口	(売上)	29		(　　)
		(現金)		1	(　　)	
		(売掛金)		4	424,923	
	21	(支払手形)		18	165,772	
			(当座預金)	2		(　　)
	24	(備品)	諸口	14	107,272	
			(現金)	1		53,136
			(未払金)	23		(　　)
		次ページへ繰越			9,026,619	(　　)

第３問　次の仕入帳を完成しなさい。(10点)

仕　　入　　帳

3

令和×1年		摘　　要	内　訳	金　額
		前ページから繰越		44,414,489
12	6	(愛知商店)　　掛		
		A商品　5,362 個　@¥ 681	(　　)	
		B商品　1,890 個　@¥ (　　)	1,115,100	
		C商品　(　　)個　@¥ 472	1,674,184	
		D商品　9,706 個　@¥ 845	(　　)	(　　)
	10	(岐阜商店)　　小切手・掛		
		E商品　(　　)個　@¥ 163	339,855	
		F商品　4,216 個　@¥ 209	(　　)	
		G商品　8,139 個　@¥ (　　)	5,990,304	(　　)
	15	(三重商店)　　約束手形		
		H商品　6,987 個　@¥ (　　)	2,263,788	
		I商品　(　　)個　@¥ 957	7,321,050	
		J商品　9,432 個　@¥ 280	(　　)	(　　)
		次ページへ繰越		(　　)

商業計算

第１問　次の計算をしなさい。(32点)

(1)　¥876,000 を年利率3.1％で10月19日から翌年の１月19日まで借り入れた。支払利息はいくらですか。(片落し，円未満四捨五入)

答　¥

主催　公益社団法人　全国経理教育協会　　後援　文部科学省

第9回計算実務能力検定模擬試験

3　級

試験場校 ＿＿＿＿＿＿

受験番号 ＿＿＿＿＿＿

採　点 ＿＿＿＿＿＿

制限時間50分

帳票計算

第1問　次の仕訳帳および買掛金勘定を完成しなさい。(20点)

仕　訳　帳

21

令和×1年		摘要		元丁	借方	貸方
		前ページから繰越			5,125,280	5,125,280
9	9	(仕入)	諸口	31	650,000	
			(当座預金)	2		225,000
			(買掛金)	18		(　　　)
	12	諸口	(売上)	26		737,000
		(受取手形)		3	(　　　)	
		(売掛金)		4	413,000	
	15	(仕入)		31	613,100	
			(買掛金)	18		(　　　)
	20	(買掛金)	諸口	18	(　　　)	
			(現金)	1		339,600
			(支払手形)	17		536,400
	22	(給料)		40	725,051	
			(当座預金)	2		(　　　)
			(預り金)	20		40,660

第３問　次の売上帳を完成しなさい。(10点)

売　上　帳

5

令和×1年		摘要			内訳	金額
		前ページから繰越				58,565,887
9	5	(滋賀商店)		小切手・掛		
		A 商品	5,616 個	@¥ 495	(　　)	
		B 商品	2,878 個	@¥ (　　)	2,311,034	
		C 商品	(　　)個	@¥ 617	3,917,950	(　　)
	9	(京都商店)		掛		
		D 商品	4,914 個	@¥ 749	(　　)	
		E 商品	(　　)個	@¥ 358	905,024	
		F 商品	8,436 個	@¥ (　　)	4,977,240	
		G 商品	1,487 個	@¥ 267	(　　)	(　　)
	12	(大阪商店)		小切手・約束手形		
		H 商品	(　　)個	@¥ 184	1,044,384	
		I 商品	4,483 個	@¥ (　　)	(　　)	
		J 商品	7,213 個	@¥ 826	(　　)	11,355,315
		次ページへ繰越				(　　)

商業計算

第１問　次の計算をしなさい。(32点)

(1)　¥573,000 を年利率2.9％で85日間貸し付けた。受取利息はいくらですか。(円未満切り上げ)

答　¥

主催　公益社団法人　全国経理教育協会　　後援　文部科学省

第10回計算実務能力検定模擬試験

試験場校

受験番号

採　点

【禁無断転載】

制限時間50分

3　級

帳票計算

第1問　次の仕訳帳および売掛金勘定を完成しなさい。(20点)

仕　訳　帳

15

令和×1年		摘　要		元丁	借　方	貸　方
		前ページから繰越			6,204,330	6,204,330
12	12	(当座預金)		2	(　　)	
			(売掛金)	4		536,607
	13	諸口	(受取手形)	3		(　　)
		(当座預金)		2	600,150	
		(手形売却損)		58	(　　)	
	15	(受取手形)		3	440,100	
			(売掛金)	4		(　　)
	19	(仕入)	諸口	40	774,656	
			(支払手形)	19		(　　)
			(買掛金)	20		456,056
	21	諸口	(売上)	36		847,246
		(当座預金)		2	(　　)	
		(売掛金)		4	638,626	
		次ページへ繰越			9,405,939	(　　)

第３問　次の仕入帳を完成しなさい。(10点)

仕　　入　　帳

令和×1年		摘　　要			内　訳	金　額
		前ページから繰越				51,238,536
12	13	(奈良商店)		小切手・掛		
		A 商品	4,331 個	@¥ (　　)	2,494,656	
		B 商品	1,885 個	@¥ 840	(　　)	
		C 商品	(　　)個	@¥ 391	2,677,177	
		D 商品	4,616 個	@¥ 628	(　　)	(　　)
	16	(和歌山商店)		約束手形		
		E 商品	7,716 個	@¥ 735	(　　)	
		F 商品	(　　)個	@¥ 469	828,254	
		G 商品	5,586 個	@¥ (　　)	1,603,182	(　　)
	19	(兵庫商店)		掛		
		H 商品	(　　)個	@¥ 304	1,034,512	
		I 商品	8,136 個	@¥ (　　)	(　　)	
		J 商品	5,067 個	@¥ 163	(　　)	9,768,625
		次ページへ繰越				(　　)

商業計算

第１問　次の計算をしなさい。(32点)

(1)　原価¥945,000の商品に16%の利益を見込んで定価をつけたが，その８%引きで販売した。売価はいくらですか。

答　¥

主催　公益社団法人　全国経理教育協会　　後援　文部科学省

第11回計算実務能力検定模擬試験

試験場校

受験番号

採　点

【禁無断転載】

制限時間50分

3　級

帳　票　計　算

第1問　次の仕訳帳および現金勘定を完成しなさい。(20点)

仕　訳　帳

18

令和×1年		摘要		元丁	借方	貸方
		前ページから繰越			4,447,079	4,447,079
9	11	諸口	(売上)	38		660,055
		(現金)		1	(　　)	
		(売掛金)		4	411,200	
	14	(受取手形)		3	297,600	
			(売掛金)	4		(　　)
	19	(仕入)	諸口	42	(　　)	
			(現金)	1		173,756
			(買掛金)	18		(　　)
	21	(買掛金)		18	(　　)	
			(支払手形)	17		235,200
	22	(備品)	諸口	13	324,560	
			(現金)	1		(　　)
			(未払金)	21		216,560
		次ページへ繰越			(　　)	6,508,650

第３問　次の売上帳を完成しなさい。(10点)

売　　上　　帳

令和×1年		摘要		内訳	金額
		前ページから繰越			23,733,498
9	11	(鳥取商店)	小切手・掛		
		A 商品　2,092 個	@¥ (　　)	1,451,848	
		B 商品　3,266 個	@¥ 203	(　　)	
		C 商品 (　　)個	@¥ 781	2,483,580	
		D 商品　1,456 個	@¥ 529	(　　)	(　　)
	15	(島根商店)	約束手形		
		E 商品　4,563 個	@¥ 850	(　　)	
		F 商品　6,536 個	@¥ (　　)	5,993,512	
		G 商品 (　　)個	@¥ 342	2,580,048	(　　)
	20	(岡山商店)	掛		
		H 商品 (　　)個	@¥ 168	991,872	
		I 商品　4,873 個	@¥ (　　)	3,849,670	
		J 商品　3,621 個	@¥ 475	(　　)	6,561,517
		次ページへ繰越			(　　)

商業計算

第１問　次の計算をしなさい。(32点)

(1)　¥639,000を年利率3.3%で５月11日から８月11日まで貸し付けた。受取利息はいくらですか。(両端入れ，円未満切り捨て)

答 ¥

主催　公益社団法人　全国経理教育協会　　後援　文部科学省

第12回計算実務能力検定模擬試験

試験場校

受験番号

採　点

【禁無断転載】

制限時間50分

3　級

帳票計算

第1問　次の仕訳帳および当座預金勘定を完成しなさい。(20点)

仕　訳　帳

20

令和×1年		摘要		元丁	借方	貸方
		前ページから繰越			2,993,504	2,993,504
12	12	(仕入)	諸口	26	556,118	
			(当座預金)	2		(　　)
			(支払手形)	12		340,000
	13	諸口	(売上)	19		(　　)
		(当座預金)		2	292,370	
		(売掛金)		4	(　　)	
	15	(仕入)	諸口	26	(　　)	
			(当座預金)	2		311,532
			(買掛金)	13		330,032
	18	諸口	(売掛金)	4		610,478
		(当座預金)		2	(　　)	
		(受取手形)		3	330,400	
	20	(給料)	諸口	31	740,333	
			(当座預金)	2		(　　)

第３問　次の仕入帳を完成しなさい。(10点)

仕　　入　　帳

5

令和×1年		摘　　要	内　　訳	金　　額
		前ページから繰越		52,480,485
12	14	(広島商店)　掛・約束手形		
		A 商 品　(　　)個　@¥ 872	2,576,760	
		B 商 品　1,455 個　@¥ (　　)	858,450	
		C 商 品　4,196 個　@¥ 961	(　　)	
		D 商 品　5,908 個　@¥ (　　)	2,380,924	(　　)
	18	(山口商店)　掛		
		E 商 品　4,927 個　@¥ 286	(　　)	
		F 商 品　(　　)個　@¥ 714	5,124,378	
		G 商 品　3,210 個　@¥ (　　)	632,370	(　　)
	21	(香川商店)　小切手・掛		
		H 商 品　2,064 個　@¥ 348	(　　)	
		I 商 品　(　　)個　@¥ 950	7,301,700	
		J 商 品　2,996 個　@¥ (　　)	(　　)	9,892,472
		次ページへ繰越		(　　)

商 業 計 算

第１問　次の計算をしなさい。(32点)

(1)　元金¥873,000を年利率3.9%で９月５日から12月５日まで借り入れた。期日に支払う元利合計はいくらですか。(両端入れ，円未満切り上げ)

主催　公益社団法人　全国経理教育協会　　後援　文部科学省

第13回計算実務能力検定模擬試験

試験場校

受験番号

採　点

【禁無断転載】

制限時間50分

3　級

帳票計算

第1問　次の仕訳帳および当座預金勘定を完成しなさい。(20点)

仕　訳　帳　　38

令和×1年		摘要		元丁	借方	貸方
		前ページから繰越			3,727,309	3,727,309
12	7	(仕入)	諸口	25	656,603	
			(当座預金)	2		375,179
			(支払手形)	11		(　　)
	10	(備品)	諸口	10	(　　)	
			(現金)	1		46,689
			(未払金)	14		(　　)
	12	諸口	(売上)	20		(　　)
		(当座預金)		2	509,835	
		(売掛金)		4	638,413	
	16	(仕入)	諸口	25	313,972	
			(支払手形)	11		139,063
			(買掛金)	12		(　　)
	18	諸口	(売掛金)	4		459,840
		(現金)		1	(　　)	

第３問　次の仕入帳を完成しなさい。(10点)

仕　入　帳

令和×1年		摘要			内訳	金額
		前ページから繰越				31,580,496
11	17	(愛媛商店)		掛		
		A 商品	6,460 個	@¥ 942	(　　　)	
		B 商品	(　　　)個	@¥ 635	2,097,405	
		C 商品	6,090 個	@¥ 802	(　　　)	
		D 商品	7,876 個	@¥ (　　　)	2,496,692	(　　　)
	21	(徳島商店)		受取手形		
		E 商品	4,028 個	@¥ 721	(　　　)	
		F 商品	1,558 個	@¥ (　　　)	475,190	
		G 商品	(　　　)個	@¥ 490	1,078,980	(　　　)
	24	(高知商店)		小切手		
		H 商品	4,865 個	@¥ 149	(　　　)	
		I 商品	(　　　)個	@¥ 862	5,044,424	
		J 商品	3,847 個	@¥ (　　　)	2,527,479	(　　　)
		次ページへ繰越				(　　　)

商業計算

第１問　次の計算をしなさい。(32点)

(1)　元金¥986,000を年利率3.7%で52日貸し付けた。利息はいくらですか。(円未満四捨五入)

答 ¥

主催　公益社団法人　全国経理教育協会　　後援　文部科学省

第14回計算実務能力検定模擬試験

試験場校

受験番号

採　　点

【禁無断転載】

制限時間50分

３　　級

帳票計算

第１問　次の仕訳帳および売掛金勘定を完成しなさい。(20点)

仕　訳　帳

23

令和×1年		摘要		元丁	借方	貸方
		前ページから繰越			2,483,861	2,483,861
12	10	諸口	(売上)	20		(　　)
		(現金)		1	37,452	
		(売掛金)		4	546,176	
	13	(仕入)	諸口	25	(　　)	
			(当座預金)	2		40,279
			(買掛金)	12		(　　)
	18	諸口	(売上)	20		653,540
		(受取手形)		3	(　　)	
		(売掛金)		4	465,756	
	20	諸口	(受取手形)	3		(　　)
		(当座預金)		2	487,003	
		(手形売却損)		35	7,249	
	25	(給料)	諸口	33	262,021	
			(預り金)	17		(　　)

第３問　次の仕入帳を完成しなさい。(10点)

仕　　入　　帳

5

令和×1年		摘　　要	内　訳	金　額
		前ページから繰越		28,102,086
12	16	(福岡商店)　小切手		
		A商品　(　　　)個　@¥ 608	2,293,376	
		B商品　2,386個　@¥ 401	(　　　)	
		C商品　1,284個　@¥ (　　　)	381,348	(　　　)
	19	(大分商店)　掛		
		D商品　6,751個　@¥ 725	(　　　)	
		E商品　(　　　)個　@¥ 549	573,156	
		F商品　3,780個　@¥ (　　　)	3,035,340	
		G商品　1,758個　@¥ 674	(　　　)	(　　　)
	22	(熊本商店)　現金		
		H商品　6,967個　@¥ (　　　)	2,187,638	
		I商品　2,523個　@¥ 962	(　　　)	
		J商品　(　　　)個　@¥ 853	4,143,021	(　　　)
		次ページへ繰越		(　　　)

商業計算

第１問　次の計算をしなさい。(32点)

(1)　¥620,000で仕入れた商品に，17%の利益をみて定価をつけ，¥40,300の値引きをして販売した。利益額は原価の何パーセントですか。

答　　　　%

主催　公益社団法人　全国経理教育協会　　後援　文部科学省

第15回計算実務能力検定模擬試験

試験場校
受験番号
採　　点

制限時間50分

3　級

帳票計算

第1問　次の仕訳帳および当座預金勘定を完成しなさい。(20点)

仕　訳　帳　　38

令和×1年		摘要		元丁	借方	貸方
		前ページから繰越			6,127,504	6,127,504
9	13	(仕入)	諸口	51	384,820	
			(当座預金)	2		252,842
			(買掛金)	22		(　　)
	17	(備品)		14	(　　)	
			(未払金)	23		167,899
	19	諸口	(売上)	41		739,725
		(当座預金)		2	507,924	
		(売掛金)		4	(　　)	
	22	(支払手形)		21	303,601	
			(当座預金)	2		(　　)
	24	諸口	(売掛金)	4		(　　)
		(当座預金)		2	130,298	
		(受取手形)		3	(　　)	
		次ページへ繰越			8,188,371	(　　)

第３問　次の仕入帳を完成しなさい。(10点)

仕　入　帳

令和×1年		摘　要				内　訳	金　額
		前ページから繰越					23,502,724
9	13	(佐賀商店)			掛		
		A 商 品	3,277 個	@¥	(　　)	2,674,032	
		B 商 品	(　　)個	@¥	749	809,669	
		C 商 品	2,110 個	@¥	951	(　　)	(　　)
	16	(長崎商店)			受取手形		
		D 商 品	(　　)個	@¥	237	1,216,284	
		E 商 品	7,138 個	@¥	475	(　　)	
		F 商 品	1,268 個	@¥	(　　)	1,004,256	
		G 商 品	5,731 個	@¥	520	(　　)	8,591,210
	18	(宮崎商店)			小切手		
		H 商 品	(　　)個	@¥	368	2,729,088	
		I 商 品	4,679 個	@¥	103	(　　)	
		J 商 品	2,960 個	@¥	(　　)	2,024,640	(　　)
		次ページへ繰越					(　　)

商　業　計　算

第１問　次の計算をしなさい。(32点)

(1)　元金¥892,000を年利率4.5%で貸し付け，期日に元利合計¥952,210を受け取った。貸付期間は何年何か月ですか。

答　　　年　　　か月

(2)　定価¥613,000の商品を¥445,880で販売した。値引率は何パーセントですか。

主催　公益社団法人　全国経理教育協会　　後援　文部科学省

第16回計算実務能力検定模擬試験

試験場校

受験番号

採　点

制限時間50分

3　級

帳票計算

第１問　次の仕訳帳および買掛金勘定を完成しなさい。(20点)

仕　訳　帳

27

令和×1年		摘要（借方）	摘要（貸方）	元丁	借方	貸方
		前ページから繰越			5,105,277	5,105,277
9	16	(仕入)	諸口	51	322,288	
			(支払手形)	11		206,322
			(買掛金)	12		(　　)
	19	諸口	(受取手形)	3		298,080
		(当座預金)		2	(　　)	
		(手形売却損)		63	8,346	
	22	(売掛金)		4	473,398	
			(売上)	41		(　　)
	24	(買掛金)	諸口	12	(　　)	
			(支払手形)	11		(　　)
			(現金)	1		20,703
	25	(給料)	諸口	57	512,285	
			(預り金)	18		35,169
			(当座預金)	2		(　　)

第３問　次の売上帳を完成しなさい。(10点)

売　　上　　帳

令和×1年		摘要				内訳	金額
		前ページから繰越					40,143,390
8	11	(鹿児島商店)			受取手形		
		A　商品	2,873 個	@¥ (　　)		2,416,193	
		B　商品	4,856 個	@¥ 539		(　　)	
		C　商品	(　　)個	@¥ 706		1,611,798	(　　)
	14	(沖縄商店)			掛		
		D　商品	6,645 個	@¥ 219		(　　)	
		E　商品	1,143 個	@¥ (　　)		780,669	
		F　商品	(　　)個	@¥ 971		3,933,521	
		G　商品	3,790 個	@¥ 526		(　　)	(　　)
	16	(四国商店)			小切手		
		H　商品	(　　)個	@¥ 327		2,366,172	
		I　商品	4,218 個	@¥ 189		(　　)	
		J　商品	6,252 個	@¥ (　　)		2,894,676	(　　)
		次ページへ繰越					(　　)

商業計算

第１問　次の計算をしなさい。(32点)

(1)　1個¥4,290の商品を360個仕入れ，17%の利益を見込んで定価をつけた。利益額はいくらですか。

答　¥

(2)　年利率3.48%で146日間借り入れ，

(3) 定価¥752,800の商品を¥639,880で販売した。売価は定価の何パーセント引きですか。

答　　　　　　　%

(4) 元金¥179,000を年利率3.2%で45日間借り入れた。期日に支払う元利合計はいくらですか。(円未満四捨五入)

答　¥

(5) 1ダース¥5,930の商品を120ダース仕入れ，仕入諸掛¥35,400とあわせて支払った。この商品に諸掛込原価の2割4分の利益を見込んで定価をつけた。定価はいくらですか。

答　¥

(6) 元金¥876,000を年利率3%で貸し付け，期日に利息¥5,256と元金を受け取った。貸付期間は何日ですか。

答　　　　　　　日

(7) 仕入原価¥940,000の商品に23%の利益を見て定価をつけたが，定価の8掛半で販売した。売価はいくらですか。

答　¥

(8) 元金¥182,000を年利率4.5%で借り入れ，期日に元利合計¥195,650を支払った。借入期間は何年何か月ですか。

答　　　　年　　　　か月

第2問　次の空欄を求めなさい。(18点)

(1) (円，パーセント未満四捨五入)

No.	仕入原価	利益率	定価	値引率	売価	利益額
1	¥ 614,000	(　　)%	¥ 767,500	9 %	¥ (　　　　)	¥ (　　　　)
2	¥ (　　　　)	32 %	¥ 669,240	(　　)%	¥ 575,546	¥ (　　　　)
3	¥ 463,000	(　　)%	¥ 550,970	6 %	¥ (　　　　)	¥ (　　　　)

(2) (片落し，円未満切り上げ)

No.	元金	年利率	期間	利息	元利合計
1	¥ 948,000	(　　)%	1年2か月	¥ 71,890	¥ (　　　　)
2	¥ (　　　　)	2.4 %	8か月	¥ (　　　　)	¥ 741,680
3	¥ 125,000	3.8 %	7月14日～9月16日	¥ (　　　　)	¥ (　　　　)

買　掛　金

令和×1年		摘要	仕丁	借方	貸方	借又は貸	残高
9	1	前月繰越	√		571,044	貸	571,044
	3	当座預金	25	197,630		〃	(　　)
	7	仕入	〃		(　　)	〃	475,853
	10	仕入	26		(　　)	〃	756,433
	13	支払手形	〃	464,130		〃	(　　)
	16	仕入	27		(　　)	〃	408,269
	24	諸口	〃	(　　)		〃	240,610
	28	仕入	28		225,410	〃	(　　)
	30	**次月繰越**	√	(　　)			
				(　　)	(　　)		

第2問　伝票を用いて次の計算をしなさい。(20点)　**【別冊伝票算 P.16 ～ P.30】**

(1)　B商品の現金売上合計はいくらですか。　¥

(2)　C　〃　〃　¥

(3)　D　〃　〃　¥

(4)　入金伝票の合計はいくらですか。　¥

(5)　入金伝票合計と出金伝票合計の差額はいくらですか。　¥

商業計算は裏面に

（両端入れ，円未満切り上げ）

答　¥

(4)　1個¥1,960の商品を340個仕入れ，仕入諸掛¥6,600とあわせて支払った。諸掛込原価に2割2分の利益を見込んで定価をつけたが汚損品があったために5分の値引きをした。売価はいくらですか。

答　¥

(5)　元金¥6,910,000を8か月間貸し付け，期日に利息¥207,300を受け取った。年利率は何パーセントですか。

答　%

(6)　原価¥496,000の商品を，定価の23%引きで売っても，¥76,880の利益が得られるようにするには，定価をいくらにすればよいですか。

答　¥

(7)　年利率4.38%で127日間借り入れ，元利合計¥3,654,864を支払った。元金はいくらですか。

答　¥

(8)　1ダース¥35,200の商品を120ダース仕入れ，仕入諸掛¥276,000とあわせて支払った。諸掛込原価に24%の利益を見込んで定価をつけると商品1個あたりの定価はいくらになりますか。

答　¥

第2問　次の空欄を求めなさい。（18点）

(1)　（円未満四捨五入）

No.	仕入原価	利益率	定価	値引率	売価	利益額
1	¥ 276,000	38 %	¥（　　）	17 %	¥（　　）	¥（　　）
2	¥（　　）	26 %	¥ 1,241,100	（　）%	¥ 1,129,401	¥（　　）
3	¥ 430,000	（　）%	¥ 503,100	5 %	¥（　　）	¥ 47,945

(2)　（片落し，円未満切り捨て）

No.	元金	年利率	期間	利息	元利合計
1	¥ 389,000	（　）%	1年6か月	¥ 35,010	¥（　　）
2	¥ 624,000	10.5 %	11月16日～1月9日	¥（　　）	¥（　　）
3	¥（　　）	8.4 %	9か月	¥（　　）	¥ 605,910

令和×1年		摘要	仕丁	借方	貸方	借又は貸	残高
9	1	前月繰越	√	247,860		借	247,860
	6	売上	37	331,000		〃	(　　)
	8	買掛金	〃		(　　)	〃	139,923
	13	仕入	38		(　　)	貸	112,919
	19	売上	〃	(　　)		借	395,005
	22	支払手形	〃		303,601	〃	(　　)
	24	売掛金	〃	(　　)		〃	221,702
	25	給料	39		152,549	〃	(　　)
	29	受取手形	〃	(　　)		〃	300,811
	30	**次月繰越**	√		(　　)		
				(　　)	(　　)		

第2問　伝票を用いて次の計算をしなさい。(20点)　**【別冊伝票算 P.15 ~ P.29】**

(1)　A商品の現金売上合計はいくらですか。　¥

(2)　C　〃　〃　¥

(3)　D　〃　〃　¥

(4)　入金伝票の合計はいくらですか。　¥

(5)　入金伝票合計と出金伝票合計の差額はいくらですか。　¥

商業計算は裏面に

(3) 1個¥380の商品を350個仕入れ，仕入諸掛¥[illegible]とあわせて支払った。この商品を¥[illegible]で販売すると，利益額はいくらですか。

答 ¥

(4) ¥732,000を1年8か月借り入れて，元利合計¥790,560を支払った。年利率は何パーセントですか。

答 %

(5) 原価¥482,000の商品を販売するのに，定価の8掛で販売しても，原価の1割7分の利益が得られるようにするには，定価をいくらにすればよいですか。

答 ¥

(6) 1ダース¥9,370の商品を，125ダース仕入れ，仕入諸掛¥58,750とあわせて支払った。この商品に諸掛込原価の25%の利益を見込んで定価をつけた。定価は1ダースにつきいくらになりますか。

答 ¥

(7) 6月7日に元金¥418,000を年利率3.5%で貸し付け，期日に利息¥2,926を受け取った。返済期日は何月何日ですか。（片落し）

答 月 日

(8) 今期の売上高は¥22,543,560であったが，来年度はこの25%増しにしたい。来年度の売上高目標額はいくらですか。

答 ¥

第2問 次の空欄を求めなさい。（18点）

(1) （円未満切り捨て）

No.	仕入原価	利益率	定価	割引率	売価	利益額
1	¥ 519,000	26 %	¥ ( )	11 %	¥ ( )	¥ ( )
2	¥ 640,000	( )%	¥ 755,200	4 %	¥ ( )	¥ 84,992
3	¥ ( )	17 %	¥ 4,340,700	( )%	¥ 4,123,665	¥ ( )

(2) （片落し，円未満四捨五入）

No.	元金	年利率	期間	利息	元利合計
1	¥ 637,000	5.9 %	11か月	¥ 34,451	¥ ( )
2	¥ 511,000	( )%	7月14日～9月12日	¥ ( )	¥ 514,528
3	¥ ( )	6.3 %	2年1か月	¥ ( )	¥ 325,800

売　掛　金

令和×1年		摘要	仕丁	借方	貸方	借又は貸	残高
12	1	前月繰越	√	752,454		借	752,454
	3	売上	22	(　　)		〃	1,039,690
	6	諸口	〃		217,122	〃	(　　)
	8	受取手形	〃		(　　)	〃	230,876
	10	売上	23	546,176		〃	777,052
	18	売上	〃	(　　)		〃	(　　)
	27	諸口	24		672,472	〃	570,336
	31	**次月繰越**	√		**570,336**		
				(　　)	(　　)		

第2問　伝票を用いて次の計算をしなさい。(20点)　**【別冊伝票算 P.14 ～ P.28】**

(1)　A商品の現金売上合計はいくらですか。　¥

(2)　B　〃　〃　¥

(3)　D　〃　〃　¥

(4)　入金伝票の合計はいくらですか。　¥

(5)　入金伝票合計と出金伝票合計の差額はいくらですか。　¥

商業計算は裏面に

(3)　８月３日に元金￥803,000を年利率2.5%で借り入れ，期日に元利合計￥811,030を支払った。借り入れ期間は何日ですか。

答　　　　日

(4)　今年度の交際費は￥2,414,503であり，これは前期の15.5%減である。前期の交際費はいくらですか。

答　￥

(5)　原価￥845,000の商品に27%の利益を見込んで定価をつけたが，その６%引きで販売した。売価はいくらですか。

答　￥

(6)　￥760,000を２年４か月貸し付けて，元利合計￥837,672を受け取った。年利率は何パーセントですか。（パーセントの小数第２位未満切り捨て）

答　　　　%

(7)　１個￥890の商品を2,450個仕入れ，仕入諸掛￥19,500とあわせて支払った。定価の７掛半で販売しても，諸掛込原価の17%の利益が得られるようにするには，定価をいくらにすればよいですか。

答　￥

(8)　元金￥1,095,000を年利率3.9%で93日借り入れた。利息はいくらですか。

答　￥

第２問　次の空欄を求めなさい。（18点）

(1)　（円未満四捨五入）

No.	仕入原価	利益率	定価	値引率	売価	利益額
1	￥（　　）	25 %	￥ 2,203,750	（　）%	￥ 2,027,450	￥（　　）
2	￥ 385,000	16 %	￥（　　）	7 %	￥ 415,338	￥（　　）
3	￥ 497,000	（　）%	￥ 636,160	16 %	￥（　　）	￥ 37,374

(2)　（両端入れ，円未満切り上げ）

No.	元金	年利率	期間	利息	元利合計
1	￥ 9,835,000	（　）%	11月17日～１月28日	￥（　　）	￥ 9,882,208
2	￥（　　）	3.6 %	２年３か月	￥（　　）	￥ 524,285
3	￥ 249,000	5.7 %	68日	￥（　　）	￥（　　）

当座預金

令和×1年		摘要	仕丁	借方	貸方	借又は貸	残高
12	1	前月繰越	√	964,309		借	964,309
	5	売掛金	37	413,521		〃	(　　　)
	7	仕入	38		375,179	〃	(　　　)
	12	売上	〃	(　　　)		〃	1,512,486
	20	支払手形	39		(　　　)	〃	286,198
	25	給料	〃		316,333	貸	(　　　)
	27	受取手形	〃	(　　　)		借	711,893
	29	買掛金	40		(　　　)	〃	(　　　)
	31	**次月繰越**	√		**144,981**		
				(　　　)	(　　　)		

第2問　伝票を用いて次の計算をしなさい。(20点)　**【別冊伝票算 P.13 ～ P.27】**

(1)　A商品の現金売上合計はいくらですか。　¥

(2)　B　〃　〃　¥

(3)　C　〃　〃　¥

(4)　入金伝票の合計はいくらですか。　¥

(5)　入金伝票合計と出金伝票合計の差額はいくらですか。　¥

商業計算は裏面に

(3) 元金¥1,820,000を年利率3.4%で1年7か月借り入れた。支払利息はいくらですか。(円未満切り捨て)

答 ¥

(4) 原価¥750,000の商品に2割4分の利益を見込んで定価をつけたが，¥855,600で販売した。値引率は定価の何%ですか。

答 %

(5) 原価に18%の利益を見込んで定価をつけ，定価の8掛で販売した商品の売価が¥517,312であった。この商品の原価はいくらですか。

答 ¥

(6) 元金¥730,000を95日間貸し付け，期日に元利合計¥734,940を受け取った。貸付利率は年何分何厘ですか。

答 分 厘

(7) 商品625ダースを1ダース¥480で仕入れ，仕入諸掛¥15,000とあわせて支払った。この商品に25%の利益を見込んで定価をつけた。1ダースあたりの定価はいくらですか。(円未満四捨五入)

答 ¥

(8) 年利率2.5%で11月19日から翌年の1月31日まで貸し付け，期日に利息¥8,200を受け取った。元金はいくらでしたか。(片落し)

答 ¥

第2問 次の空欄を求めなさい。(18点)

(1) (円未満四捨五入)

No.	仕入原価	利益率	定価	割引率	売価	利益額
1	¥ 549,000	18 %	¥ (　　)	(　　)%	¥ 615,429	¥ (　　)
2	¥ 1,837,000	(　　)%	¥ 2,130,920	9 %	¥ (　　)	¥ (　　)
3	¥ (　　)	23 %	¥ 851,160	(　　)%	¥ (　　)	¥ 31,486

(2) (両端入れ，円未満切り上げ)

No.	元金	年利率	期間	利息	元利合計
1	¥ (　　)	2.8 %	73日	¥ (　　)	¥ 789,396
2	¥ 1,864,000	(　　)%	1年9か月	¥ 52,192	¥ (　　)
3	¥ 395,000	2.3 %	9月26日～12月18日	¥ (　　)	¥ (　　)

当座預金

令和×1年		摘要	仕丁	借方	貸方	借又は貸	残高
12	1	前月繰越	√	852,698		借	852,698
	5	買掛金	19		393,900	〃	(　)
	12	仕入	20		(　)	〃	242,680
	13	売上	〃	292,370		〃	(　)
	15	仕入	〃		(　)	〃	223,518
	18	売掛金	〃	(　)		〃	(　)
	20	給料	〃		(　)	貸	(　)
	25	支払手形	24	(　)		借	267,111
	31	**次月繰越**	√		**267,111**		
				(　)	(　)		

第2問 伝票を用いて次の計算をしなさい。(20点) **【別冊伝票算 P.12 ～ P.26】**

(1) A商品の現金売上合計はいくらですか。 ¥

(2) B 〃 〃 ¥

(3) D 〃 〃 ¥

(4) 入金伝票の合計はいくらですか。 ¥

(5) 入金伝票合計と出金伝票合計の差額はいくらですか。 ¥

商業計算は裏面に

(3) 年利率2.3%で１年９か月間借り入れ，利息¥18,837を支払った。元金はいくらでしたか。

答 ¥

(4) 原価に27%の利益を見込んで定価をつけ，定価の８掛で販売した商品の売価が¥431,800であった。この商品の原価はいくらですか。

答 ¥

(5) ¥872,000を年利率2.9%で78日間貸し付けた。期日に受け取る元利合計はいくらですか。(円未満四捨五入)

答 ¥

(6) 原価¥150,000の商品に２割の利益を見込んで定価をつけ，傷があったので定価の２割４分引きで販売した。損失率は何分何厘ですか。

答 分 厘

(7) ６月４日に¥1,825,000を年利率2.6%で借り入れ，期日に利息¥12,740を支払った。借入期間は何日間ですか。

答 日

(8) 定価¥596,000の商品を18%の値引きをして販売したところ，¥11,280の損失を生じた。この商品の原価はいくらですか。

答 ¥

第２問 次の空欄を求めなさい。(18点)

(1)

No.	仕入原価	利益率	定価	割引率	売価	利益額
1	¥ 628,000	15 %	¥ ( )	8 %	¥ ( )	¥ ( )
2	¥ ( )	24 %	¥ 2,213,400	( )%	¥ ( )	¥ 162,792
3	¥ 945,000	( )%	¥ 1,115,100	( )%	¥ 1,014,741	¥ ( )

(2) (片落し，円未満切り捨て)

No.	元金	年利率	期間	利息	元利合計
1	¥ 407,000	1.6 %	95日	¥ ( )	¥ ( )
2	¥ ( )	2.5 %	７月８日～９月19日	¥ ( )	¥ 768,825
3	¥ 291,000	( )%	１年３か月	¥ 11,640	¥ ( )

令和×1年		摘要	仕丁	借方	貸方	借又は貸	残高
9	1	前月繰越	√	3,754,465		借	3,754,465
	4	支払手形	13		484,000	〃	( )
	8	売掛金	16	228,380		〃	3,498,845
	11	売上	18	( )		〃	( )
	19	仕入	〃		( )	〃	3,573,944
	22	備品	〃		108,000	〃	( )
	25	仕入	20		( )	〃	3,147,212
	27	売上	21	( )		〃	3,672,818
	29	未払金	27		216,560	〃	( )
	30	**次月繰越**	√		( )		
				4,757,306	4,757,306		

第2問 伝票を用いて次の計算をしなさい。(20点) **【別冊伝票算 P.11 ～ P.25】**

(1) B商品の現金売上合計はいくらですか。 ¥

(2) C 〃 〃 ¥

(3) D 〃 〃 ¥

(4) 入金伝票の合計はいくらですか。 ¥

(5) 入金伝票合計と出金伝票合計の差額はいくらですか。 ¥

商業計算は裏面に

か。

答 ¥

(4) 元金¥493,000を年利率3.2%で10月21日から翌年の1月21日まで借り入れた。支払利息はいくらですか。(片落し，円未満四捨五入)

答 ¥

(5) 年利率3.2%で10月1日から12月12日まで貸し付け，期日に利息¥10,816を受け取った。元金はいくらですか。(両端入れ)

答 ¥

(6) 1個¥125の商品を640ダース仕入れ，仕入諸掛¥48,000とあわせて支払った。この商品に12%の利益を見込んで定価をつけた。1ダースあたりの定価はいくらですか。

答 ¥

(7) 原価¥368,000の商品に25%の利益を見込んで定価をつけたが，傷があったので¥36,800値引きして販売した。利益率は何%ですか。

答 %

(8) 元金¥480,000を1年3か月貸し付け，期日に元利合計¥495,600を受け取った。貸付利率は年何分何厘ですか。

答 分 厘

第2問 次の空欄を求めなさい。(18点)

(1) (円未満四捨五入)

No.	仕入原価	利益率	定価	割引率	売価	利益額
1	¥ 875,000	28 %	¥ ( )	( )%	¥ 1,019,200	¥ ( )
2	¥ ( )	19 %	¥ 836,689	7 %	¥ ( )	¥ ( )
3	¥ 2,941,000	( )%	¥ ( )	12 %	¥ ( )	¥ 449,385

(2) (両端入れ，円未満切り上げ)

No.	元金	年利率	期間	利息	元利合計
1	¥ ( )	2.4 %	9か月	¥ 4,608	¥ ( )
2	¥ 8,691,000	1.7 %	9月30日～12月30日	¥ ( )	¥ ( )
3	¥ 379,000	( )%	6か月	¥ ( )	¥ 385,064

令和×1年		摘要	仕丁	借方	貸方	借又は貸	残高
12	1	前月繰越	√	1,717,628		借	1,717,628
	5	売上	14	462,322		〃	(　　　)
	9	売上	〃	(　　　)		〃	2,967,002
	12	当座預金	15		(　　　)	〃	(　　　)
	15	受取手形	〃		(　　　)	〃	(　　　)
	21	売上	〃	(　　　)		〃	2,628,921
	26	諸口	16		945,707	〃	(　　　)
	29	当座預金	〃		572,104	〃	(　　　)
	31	**次月繰越**	√		**1,111,110**		
				(　　　)	(　　　)		

第2問　伝票を用いて次の計算をしなさい。(20点)　**【別冊伝票算 P.10 ～ P.24】**

(1)　A商品の現金売上合計はいくらですか。　¥

(2)　B　〃　〃　¥

(3)　D　〃　〃　¥

(4)　入金伝票の合計はいくらですか。　¥

(5)　入金伝票合計と出金伝票合計の差額はいくらですか。　¥

商業計算は裏面に

五入）

答　¥

(4)　原価¥680,000の商品に２割５分の利益を見込んで定価をつけたが，傷があったので¥809,200で販売した。値引率は何％ですか。

答　　　　　％

(5)　１個¥375の商品を48ダース仕入れ，仕入諸掛¥10,800とあわせて支払った。この商品に18％の利益を見込んで定価をつけた。定価はいくらですか。

答　¥

(6)　年利率2.8％で１年３か月間借り入れ，期日に元利合計¥1,423,125を支払った。元金はいくらですか。

答　¥

(7)　定価¥786,000の商品を２割５分値引きして販売したところ¥63,500の利益を生じた。この商品の原価はいくらですか。

答　¥

(8)　５月24日に元金¥1,022,000を年利率3.5％で貸し付け，期日に利息¥9,016を受け取った。貸付期間は何日間ですか。

答　　　　　日

第２問　次の空欄を求めなさい。（18点）

(1)　（円未満四捨五入）

No.	仕入原価	利益率	定価	割引率	売価	利益額
1	¥（　　　）	28 ％	¥ 979,200	（　）％	¥ 832,320	¥（　　　）
2	¥ 3,461,000	（　）％	¥ 4,533,910	8 ％	¥（　　　）	¥（　　　）
3	¥ 978,000	19 ％	¥（　　　）	12 ％	¥（　　　）	¥（　　　）

(2)　（片落し，円未満切り上げ）

No.	元金	年利率	期間	利息	元利合計
1	¥ 870,000	1.8 ％	（　年　か月）	¥ 27,405	¥（　　　）
2	¥ 309,500	3.4 ％	６月29日～９月８日	¥（　　　）	¥（　　　）
3	¥（　　　）	2.6 ％	７か月	¥（　　　）	¥ 1,096,380

買　掛　金

令和×1年		摘要	仕丁	借方	貸方	借又は貸	残高
9	1	前月繰越	√		567,233	貸	567,233
	2	当座預金	20	448,755		〃	(　　)
	5	仕入	〃		538,560	〃	(　　)
	7	支払手形	〃	(　　)		〃	340,238
	9	仕入	21		(　　)	〃	(　　)
	15	仕入	〃		613,100	〃	1,378,338
	20	諸口	〃	(　　)		〃	502,338
	26	仕入	22		296,051	〃	(　　)
	30	**次月繰越**	√	(　　)			
				(　　)	(　　)		

第2問　伝票を用いて次の計算をしなさい。(20点)　**【別冊伝票算 P.9 ～ P.23】**

(1)　A商品の現金売上合計はいくらですか。　¥

(2)　B　〃　〃　¥

(3)　D　〃　〃　¥

(4)　入金伝票の合計はいくらですか。　¥

(5)　入金伝票合計と出金伝票合計の差額はいくらですか。　¥

商業計算は裏面に

(3) 仕入原価¥325,000の商品に16%の利益を見込んで定価をつけたが，特売日のため¥32,500値引きして販売した。利益率は何%ですか。

答　　　　　%

(4) 年利率3.5%で146日間貸し付け，期日に元利合計¥486,720を受け取った。元金はいくらでしたか。

答　¥

(5) 原価に1割6分の利益を見込んで定価をつけ，定価の8分引きで販売した商品の利益が¥32,592であった。この商品の原価はいくらですか。

答　¥

(6) 元金¥628,000を年利率2.5%で1年3か月間貸し付けた。期日に受け取る元利合計はいくらですか。

答　¥

(7) ある商品を1ダース¥8,400で仕入れ，原価の25%の利益を見込んで販売したい。1個あたりの定価はいくらにすればよいですか。

答　¥

(8) 元金¥4,200,000を1年7か月間借り入れ，期日に利息¥226,100を支払った。借入利率は年何分何厘ですか。

答　　　　分　　　　厘

第2問　次の空欄を求めなさい。(18点)

(1) (円未満四捨五入)

No.	仕入原価	利益率	定価	値引率	売価	利益額
1	¥ 6,125,000	24 %	¥ (　　)	(　)%	¥ 7,139,300	¥ (　　)
2	¥ (　　)	17 %	¥ 9,988,290	9 %	¥ (　　)	¥ (　　)
3	¥ 609,000	(　)%	¥ 761,250	12 %	¥ (　　)	¥ (　　)

(2) (両端入れ，円未満切り上げ)

No.	元金	年利率	期間	利息	元利合計
1	¥ 1,483,000	3.2 %	1年8か月	¥ (　　)	¥ (　　)
2	¥ (　　)	2.6 %	11月9日～1月20日	¥ (　　)	¥ 980,070
3	¥ 5,642,000	(　)%	9か月	¥ 59,241	¥ (　　)

令和×1年		摘要	仕丁	借方	貸方	借又は貸	残高
12	1	前月繰越	√	3,122,243		借	3,122,243
	3	買掛金	20		343,718	〃	(　　)
	6	売掛金	25	(　　)		〃	3,305,850
	7	仕入	31		(　　)	〃	3,117,874
	17	売上	〃	(　　)		〃	(　　)
	24	備品	〃		53,136	〃	3,416,707
	27	仕入	32		(　　)	〃	2,790,420
	28	売上	〃	(　　)		〃	3,122,310
	29	未払金	33		61,647	〃	(　　)
	31	**次月繰越**	√		(　　)		
				(　　)	(　　)		

第2問　伝票を用いて次の計算をしなさい。(20点)　**【別冊伝票算 P. 8 ～ P. 22】**

(1)　A商品の現金売上合計はいくらですか。　¥

(2)　C　〃　〃　¥

(3)　D　〃　〃　¥

(4)　入金伝票の合計はいくらですか。　¥

(5)　入金伝票合計と出金伝票合計の差額はいくらですか。　¥

商業計算は裏面に

答　¥

(4)　¥87,000で仕入れた商品に18%の利益を見込んで定価をつけたが，¥97,527で販売した。値引額は定価の何%ですか。

答　　　　　%

(5)　原価に2割6分の利益を見込んで定価をつけ，定価の8掛で販売した商品の売価が¥361,872であった。この商品の原価はいくらですか。

答　¥

(6)　元金¥946,000を年利率2.9%で68日間借り入れた。支払利息はいくらですか。(円未満切り捨て)

答　¥

(7)　商品480ダースを1ダース¥625で仕入れ，仕入諸掛¥3,000とあわせて支払った。この商品の諸掛込原価の24%の利益を見込んで定価をつけた。1ダースあたりの定価はいくらですか。(円未満四捨五入)

答　¥

(8)　7月25日に元金¥1,480,000を年利率2.5%で借り入れ，期日に元利合計¥1,494,800を支払った。借入期間は何日間ですか。

答　　　　　日

第2問　次の空欄を求めなさい。(18点)

(1)　(円未満四捨五入)

No.	仕入原価	利益率	定価	値引率	売価	利益額
1	¥ 785,000	18 %	¥ (　　　)	9 %	¥ (　　　)	¥ (　　　)
2	¥ 249,000	(　　)%	¥ 311,250	(　　)%	¥ 270,788	¥ (　　　)
3	¥ (　　　)	16 %	¥ 2,012,600	(　　)%	¥ (　　　)	¥ 116,592

(2)　(片落し，円未満切り捨て)

No.	元金	年利率	期間	利息	元利合計
1	¥ 916,000	1.8 %	6月19日～9月20日	¥ (　　　)	¥ (　　　)
2	¥ 378,000	(　　)%	1年6か月	¥ 13,608	¥ (　　　)
3	¥ (　　　)	3.5 %	73日	¥ (　　　)	¥ 277,932

当　座　預　金

令和×1年		摘要	仕丁	借方	貸方	借又は貸	残高
9	1	前月繰越	√	765,807		借	765,807
	3	支払手形	25		137,055	〃	(　　)
	6	仕入	26		451,557	〃	(　　)
	10	売上	〃	(　　)		〃	(　　)
	13	仕入	〃		(　　)	〃	1,189,932
	21	売掛金	〃	(　　)		〃	(　　)
	24	買掛金	27		1,539,918	貸	(　　)
	28	受取手形	〃	(　　)		借	407,407
	30	**次月繰越**	√		**407,407**		
				(　　)	(　　)		

第2問　伝票を用いて次の計算をしなさい。(20点)　**【別冊伝票算 P. 7 ～ P. 21】**

(1)　A商品の現金売上合計はいくらですか。　¥

(2)　B　〃　〃　¥

(3)　D　〃　〃　¥

(4)　入金伝票の合計はいくらですか。　¥

(5)　入金伝票合計と出金伝票合計の差額はいくらですか。　¥

商業計算は裏面に

(3) 年利率2.4%で73日間貸し付け，期日に元利合計¥638,048を受け取った。元金はいくらですか。

答 ¥

(4) 原価に22%の利益を見込んで定価をつけたが，特売日のため定価の８%引きの¥432,124で販売した。この商品の原価はいくらですか。

答 ¥

(5) 元金¥584,000を１年３か月借り入れ，期日に元利合計¥602,980を支払った。借入利率は年何%ですか。

答 %

(6) 原価¥96,000の商品に25%の利益を見込んで定価をつけたが，傷があったので，定価の22%引きで販売した。損失率は何分何厘ですか。

答 分 厘

(7) 元金¥1,250,000を年利率3.8%で９月５日から11月25日まで借り入れた。期日に支払う元利合計はいくらですか。
(片落し，円未満切り捨て)

答 ¥

(8) １個¥3,480の商品を625個仕入れ，仕入諸掛¥25,000とあわせて支払った。諸掛込原価に２割６分の利益を見込んで定価をつけた。定価はいくらですか。

答 ¥

第２問 次の空欄を求めなさい。(18点)

(1) (円未満四捨五入)

No.	仕入原価	利益率	定価	割引率	売価	利益額
1	¥( )	24 %	¥ 317,440	( )%	¥ 301,568	¥( )
2	¥ 789,000	( )%	¥ 1,033,590	9 %	¥( )	¥( )
3	¥ 3,461,000	16 %	¥( )	12 %	¥( )	¥( )

(2) (両端入れ，円未満切り上げ)

No.	元金	年利率	期間	利息	元利合計
1	¥( )	2.6 %	7か月	¥ 5,915	¥( )
2	¥ 438,000	( )%	1年9か月	¥( )	¥ 451,797
3	¥ 1,504,000	3.4 %	9月8日～12月21日	¥( )	¥( )

令和×1年		摘要	仕丁	借方	貸方	借又は貸	残高
12	1	前月繰越	√	2,802,300		借	2,802,300
	4	売上	15	(　　)		〃	3,089,761
	8	売上	〃	613,174		〃	(　　)
	11	受取手形	16		(　　)	〃	(　　)
	15	当座預金	〃		685,392	〃	2,349,275
	17	売上	〃	(　　)		〃	(　　)
	25	諸口	17		720,577	〃	2,112,086
	26	受取手形	〃		(　　)	〃	1,649,431
	31	**次月繰越**	√		**1,649,431**		
				(　　)	(　　)		

第2問　伝票を用いて次の計算をしなさい。(20点)　**【別冊伝票算 P. 6 ～ P. 20】**

(1)　A商品の現金売上合計はいくらですか。　¥

(2)　C　〃　〃　¥

(3)　D　〃　〃　¥

(4)　入金伝票の合計はいくらですか。　¥

(5)　入金伝票合計と出金伝票合計の差額はいくらですか。　¥

商業計算は裏面に

答　　　年　　　か月

(4)　1ダース¥480の商品を625ダース仕入れ，仕入諸掛¥20,000とあわせて支払った。この商品に2割5分の利益を見込んで定価をつけた。1ダースあたりの定価はいくらですか。

答　¥

(5)　元金¥650,000を年利率2.9%で6月27日から8月27日まで借り入れた。期日に支払う元利合計はいくらですか。(両端入れ，円未満切り上げ)

答　¥

(6)　原価¥570,000の商品に22%の利益を見込んで定価をつけたが，特売日のため¥639,768で販売した。値引率は何%ですか。

答　　　%

(7)　年利率2.4%で1年9か月間借り入れ，期日に元利合計¥260,500を支払った。元金はいくらですか。

答　¥

(8)　定価¥187,350の商品を8掛で販売したところ，¥4,120の損失が生じた。この商品の原価はいくらですか。

答　¥

第2問　次の空欄を求めなさい。(18点)

(1)　(円未満四捨五入)

No.	仕入原価	利益率	定価	割引率	売価	利益額
1	¥ 148,000	(　　)%	¥ 185,000	7 %	¥ (　　)	¥ (　　)
2	¥ (　　)	14 %	¥ 2,485,200	(　　)%	¥ 2,286,384	¥ (　　)
3	¥ 509,600	32 %	¥ (　　)	15 %	¥ (　　)	¥ (　　)

(2)　(片落し，円未満切り上げ)

No.	元金	年利率	期間	利息	元利合計
1	¥ 765,000	(　　)%	1年3か月	¥ 17,213	¥ (　　)
2	¥ (　　)	3.6 %	8か月	¥ (　　)	¥ 481,280
3	¥ 251,000	2.3 %	7月6日～9月15日	¥ (　　)	¥ (　　)

買　掛　金

令和×1年		摘要	仕丁	借方	貸方	借又は貸	残高
9	1	前月繰越	√		123,205	貸	123,205
	3	仕入	19		477,281	〃	(　)
	4	支払手形	〃	402,811		〃	197,675
	5	当座預金	〃	25,545		〃	172,130
	8	仕入	20		(　)	〃	(　)
	16	仕入	〃		330,504	〃	831,436
	19	諸口	〃	(　)		〃	182,617
	26	仕入	21		266,637	〃	(　)
	30	**次月繰越**	√	(　)			
				(　)	(　)		

第2問　伝票を用いて次の計算をしなさい。(20点)　**【別冊伝票算 P. 5 ～ P. 19】**

(1)　A商品の現金売上合計はいくらですか。　¥

(2)　B　〃　〃　¥

(3)　D　〃　〃　¥

(4)　入金伝票の合計はいくらですか。　¥

(5)　入金伝票合計と出金伝票合計の差額はいくらですか。　¥

商業計算は裏面に

(3) 仕入原価¥96,000の商品に25%の利益を見込んで定価をつけたが，傷があったので，¥10,560値引きして販売した。利益率は何%ですか。

答　　　　　%

(4) ¥685,000を年利率3.1%で，12月24日から翌年２月25日まで貸し付けた。期日に受け取る利息はいくらですか。
(片落し，円未満四捨五入)

答 ¥

(5) 原価に１割６分の利益を見込んで定価をつけ，定価の８分引きで売った商品の利益が¥18,816であった。この商品の原価はいくらですか。

答 ¥

(6) 年利3.8%で146日間借り入れ，期日に元利合計¥507,600を支払った。元金はいくらでしたか。

答 ¥

(7) 定価¥625,000の商品を15%値引きして販売し，¥13,750の損失を生じた。この商品の原価はいくらですか。

答 ¥

(8) 元金¥4,030,000を１年６か月間借り入れ，期日に利息¥205,530を支払った。借入利率は年何分何厘ですか。

答　　　分　　　厘

第２問　次の空欄を求めなさい。(18点)

(1) (円未満四捨五入)

No.	仕入原価	利益率	定価	割引率	売価	利益額
1	¥ (　　　)	25 %	¥ 12,102,500	8 %	¥ (　　　)	¥ (　　　)
2	¥ 175,000	(　　)%	¥ 234,500	12 %	¥ (　　　)	¥ (　　　)
3	¥ 4,315,000	18 %	¥ (　　　)	(　　)%	¥ 4,633,447	¥ (　　　)

(2) (両端入れ，円未満切り捨て)

No.	元金	年利率	期間	利息	元利合計
1	¥ 6,370,000	3.4 %	１年７か月	¥ (　　　)	¥ (　　　)
2	¥ 3,940,000	(　　)%	３か月	¥ 25,610	¥ (　　　)
3	¥ (　　　)	4.2 %	11月17日～１月28日	¥ (　　　)	¥ 489,074

令和×1年		摘要	仕丁	借方	貸方	借又は貸	残高
12	1	前月繰越	√	2,920,998		借	2,920,998
	3	買掛金	25		530,333	〃	(　　)
	5	売掛金	〃	(　　)		〃	2,719,098
	6	仕入	26		(　　)	〃	2,501,610
	17	売上	〃	(　　)		〃	(　　)
	25	備品	〃		147,198	〃	2,668,567
	26	仕入	27		(　　)	〃	2,251,799
	27	売上	〃	(　　)		〃	2,893,653
	30	未払金	28		50,151	〃	(　　)
	31	**次月繰越**	√		(　　)		
				(　　)	(　　)		

第2問 伝票を用いて次の計算をしなさい。(20点) **【別冊伝票算 P. 4 ～ P. 18】**

(1) A商品の現金売上合計はいくらですか。 ¥

(2) B 〃 〃 ¥

(3) D 〃 〃 ¥

(4) 入金伝票の合計はいくらですか。 ¥

(5) 入金伝票合計と出金伝票合計の差額はいくらですか。 ¥

商業計算は裏面に

(3) 定価¥514,000の商品を¥43,176値引きして販売した。値引率は何%ですか。

答　　　　　　　　%

(4) 元金¥1,800,000を1年3か月間貸し付け，期日に利息¥153,000を受け取った。貸付年利率は何分何厘ですか。

答　　　　分　　　　厘

(5) 原価¥352,000の商品に18%の利益を見込んで定価をつけ，定価の5%引きで販売した。売価はいくらですか。

答　¥

(6) 元金¥2,800,000を年利率3.4%で2年8か月間借り入れた。期日に支払う元利合計はいくらですか。(円未満切り上げ)

答　¥

(7) ある商品を原価の3割5分の利益を見込んで定価をつけ，定価の8掛の¥518,400で販売した。この商品の原価はいくらですか。

答　¥

(8) 6月7日に元金¥560,000を年利率2.4%で借り入れ，期日に利息¥5,376を支払った。借入期間は何日間ですか。

答　　　　　　　　日

第2問　次の空欄を求めなさい。(18点)

(1) (円未満四捨五入)

No.	仕入原価	利益率	定価	割引率	売価	利益額
1	¥ 694,000	(　　)%	¥ 867,500	7 %	¥ (　　)	¥ (　　)
2	¥ 372,000	17 %	¥ (　　)	8 %	¥ (　　)	¥ (　　)
3	¥ (　　)	24 %	¥ 973,400	(　　)%	¥ 846,858	¥ (　　)

(2) (片落し，円未満切り捨て)

No.	元金	年利率	期間	利息	元利合計
1	¥ 562,000	(　　)%	1年3か月	¥ 23,885	¥ (　　)
2	¥ (　　)	3.6 %	7月21日〜10月2日	¥ (　　)	¥ 493,528
3	¥ 1,680,000	1.9 %	87日	¥ (　　)	¥ (　　)

当　座　預　金

令和×1年		摘要	仕丁	借方	貸方	借又は貸	残高
9	1	前月繰越	√	598,012		借	598,012
	5	売掛金	30	213,513		〃	(　)
	9	仕入	31		(　)	〃	(　)
	17	売上	〃	753,844		〃	1,180,333
	18	仕入	〃		(　)	〃	(　)
	20	売掛金	〃	(　)		〃	1,174,965
	24	買掛金	32		1,526,563	貸	(　)
	27	受取手形	〃	(　)		借	(　)
	30	**次月繰越**	√		**92,325**		
				(　)	(　)		

第2問　伝票を用いて次の計算をしなさい。(20点)　**【別冊伝票算 P. 3 ～ P. 17】**

(1)　B商品の現金売上合計はいくらですか。　¥

(2)　C　〃　〃　¥

(3)　D　〃　〃　¥

(4)　入金伝票の合計はいくらですか。　¥

(5)　入金伝票合計と出金伝票合計の差額はいくらですか。　¥

商業計算は裏面に

答 ¥

(3) 年利率4.8%で1年6か月借り入れ，期日に元利合計¥509,200を支払った。元金はいくらですか。

答 ¥

(4) 原価¥340,000の商品に2割2分の利益を見込んで定価をつけた。この商品を394,060で販売すると，値引率は何%ですか。

答 %

(5) 元金¥760,000を年利率3.5%で146日間貸し付けた。期日に受け取る元利合計はいくらですか。

答 ¥

(6) 原価¥188,000の商品に25%の利益を見込んで定価をつけたが，傷があったので12%の値引きをして販売した。売価はいくらですか。（円未満四捨五入）

答 ¥

(7) 元金¥365,000を7月18日から10月20日まで貸し付け，期日に利息¥3,230を受け取った。年利率は何分何厘ですか。（両端入れ）

答 分 厘

(8) 原価に3割の利益を見込んで定価をつけ，定価の8掛で販売した商品の売価が¥280,800であった。この商品の原価はいくらですか。

答 ¥

第2問 次の空欄を求めなさい。（18点）

(1) （円未満四捨五入）

No.	仕入原価	利益率	定価	値引率	売価	利益額
1	¥ 913,000	32 %	¥（ ）	12 %	¥（ ）	¥（ ）
2	¥（ ）	18 %	¥ 312,700	（ ）%	¥ 287,684	¥（ ）
3	¥ 809,000	（ ）%	¥（ ）	9 %	¥（ ）	¥ 118,599

(2) （両端入れ，円未満切り上げ）

No.	元金	年利率	期間	利息	元利合計
1	¥ 2,380,000	（ ）%	1年4か月	¥ 66,640	¥（ ）
2	¥ 730,000	3.4 %	10月21日～1月13日	¥（ ）	¥（ ）
3	¥（ ）	2.6 %	9か月	¥（ ）	¥ 1,886,075

令和×1年		摘要	仕丁	借方	貸方	借又は貸	残高
12	1	前月繰越	√	2,742,269		借	2,742,269
	3	売上	17	(　　　)		〃	2,943,393
	6	売上	〃	513,706		〃	(　　　)
	10	当座預金	18		(　　　)	〃	(　　　)
	17	受取手形	〃		752,544	〃	2,112,871
	21	売上	〃	(　　　)		〃	2,748,969
	26	諸口	19		1,005,779	〃	(　　　)
	28	受取手形	〃		(　　　)	〃	1,480,049
	31	**次月繰越**	√		**1,480,049**		
				(　　　)	(　　　)		

第2問　伝票を用いて次の計算をしなさい。(20点)　**【別冊伝票算 P. 2 ～ P. 16】**

(1)　A商品の現金売上合計はいくらですか。　¥

(2)　B　〃　〃　¥

(3)　D　〃　〃　¥

(4)　入金伝票の合計はいくらですか。　¥

(5)　入金伝票合計と出金伝票合計の差額はいくらですか。　¥

商業計算は裏面に

(3) 原価¥580,000の商品に25%の利益を見込んで定価をつけたが，汚損品があったため¥667,000で販売した。値引率は何%ですか。

答　　　　　　%

(4) 元金¥750,000を年利率3.6%で1年6か月借り入れた。期日に支払う元利合計はいくらですか。

答　¥

(5) 定価¥1,960,000の商品を1割4分引きで販売し，¥85,600の利益を得た。この商品の原価はいくらですか。

答　¥

(6) 元金¥640,000を8月16日から10月28日まで借り入れ，利息¥19,200を支払った。借入年利率は何割何分ですか。(片落し)

答　　　割　　　分

(7) 商品**360**ダースを1ダース¥725で仕入れ，仕入諸掛¥4,000とあわせて支払った。この商品に諸掛込原価の16%の利益を見込んで定価をつけた。定価はいくらですか。

答　¥

(8) 年利率2.4%で¥745,000を貸し付け，期日に元利合計¥776,290を受け取った。貸付期間は何年何か月ですか。

答　　　年　　　か月

第2問　次の空欄を求めなさい。(18点)

(1) (円未満四捨五入)

No.	仕入原価	利益率	定価	割引率	売価	利益額
1	¥ 386,000	25 %	¥ (　　)	6 %	¥ (　　)	¥ (　　)
2	¥ 490,000	(　　)%	¥ 646,800	(　　)%	¥ 569,184	¥ (　　)
3	¥ (　　)	16 %	¥ 668,160	(　　)%	¥ (　　)	¥ 58,752

(2) (片落し，円未満切り捨て)

No.	元金	年利率	期間	利息	元利合計
1	¥ (　　)	(　　)%	1年3か月	¥ 33,235	¥ 611,235
2	¥ 1,940,000	7.3 %	(　　)日	¥ (　　)	¥ 1,966,384
3	¥ 236,800	3.8 %	5月13日～8月27日	¥ (　　)	¥ (　　)

令和×1年		摘要	仕丁	借方	貸方	借又は貸	残高
9	1	前月繰越	√	2,998,235		借	2,998,235
	3	買掛金	27		318,752	〃	(　　)
	7	売掛金	〃	202,163		〃	2,881,646
	10	売上	28	(　　)		〃	3,075,165
	17	仕入	〃		(　　)	〃	2,949,374
	21	備品	〃		38,448	〃	(　　)
	25	仕入	29		(　　)	〃	2,774,077
	27	売上	〃	(　　)		〃	3,362,276
	28	未払金	30		110,595	〃	(　　)
	30	**次月繰越**	√		(　　)		
				(　　)	(　　)		

第2問　伝票を用いて次の計算をしなさい。(20点)　**【別冊伝票算 P. 1 ～ P. 15】**

(1)　A商品の現金売上合計はいくらですか。　¥

(2)　C　〃　〃　¥

(3)　D　〃　〃　¥

(4)　入金伝票の合計はいくらですか。　¥

(5)　入金伝票合計と出金伝票合計の差額はいくらですか。　¥

商業計算は裏面に

主催 公益社団法人 全国経理教育協会 後援 文部科学省

第６回計算実務能力検定模擬試験

試験場校
受験番号
採　点

【禁無断転載】
制限時間50分

３　級

帳票計算

第１問 次の仕訳帳および売掛金勘定を完成しなさい。(20点)　●印@２点×10＝20点

仕　訳　帳　16

令和×1年		摘　要		元丁	借　方	貸　方
		前ページから繰越			9,640,415	9,640,415
12	11	(受取手形)		3	668,268	
			(売掛金)	4		(668,268)
	12	諸口	(受取手形)	3		(419,268)
		(当座預金)		2	(● 417,996)	
		(手形売却損)		60	1,272	
	15	(当座預金)		2	(685,392)	
			(売掛金)	4		685,392
	16	(仕入)	諸口	51	573,593	
			(支払手形)	20		224,634
			(買掛金)	21		(● 348,959)
	17	諸口	(売上)	42		790,022
		(受取手形)		3	306,634	
		(売掛金)		4	(● 483,388)	
		次ページへ繰越			(● 12,776,958)	12,776,958

売　掛　金　4

令和×1年		摘　要	仕丁	借　方	貸　方	借又は貸	残　高
12	1	前月繰越	✓	2,802,300		借	2,802,300
	4	売上	15	(● 287,461)		〃	3,089,761
	8	売上	〃	613,174		〃	(● 3,702,935)
	11	受取手形	16		(● 668,268)	〃	(3,034,667)
	15	当座預金	〃		685,392	〃	2,349,275
	17	売上	〃	(483,388)		〃	(● 2,832,663)
	25	諸口	17		720,577	〃	2,112,086
	26	受取手形	〃		(● 462,655)	〃	1,649,431
	31	**次月繰越**	✓		**1,649,431**		
				(● 4,186,323)	(4,186,323)		

第２問 伝票を用いて次の計算をしなさい。(20点)　**【別冊伝票算 P. 6 ～ P. 20】**　@４点×５＝20点

(1) Ａ商品の現金売上合計はいくらですか。　¥ 2,574,160
(2) Ｃ　〃　〃　¥ 1,293,138
(3) Ｄ　〃　〃　¥ 2,074,838
(4) 入金伝票の合計はいくらですか。　¥ 8,226,258
(5) 入金伝票合計と出金伝票合計の差額はいくらですか。　¥ 6,375,329

商業計算は裏面に

第３問 次の仕入帳を完成しなさい。(10点)　●印@１点×10＝10点

仕　入　帳　6

令和×1年		摘　要				内　訳	金　額
		前ページから繰越					53,366,674
12	15	(長野商店)			掛		
		Ａ商品	(● 5,609)個	@¥ 801		4,492,809	
		Ｂ商品	2,316 個	@¥ 252		(583,632)	
		Ｃ商品	7,940 個	@¥ (● 115)		913,100	
		Ｄ商品	6,873 個	@¥ 873		● 6,000,129	(11,989,670)
	17	(新潟商店)			小切手・掛		
		Ｅ商品	1,485 個	@¥ (● 428)		635,580	
		Ｆ商品	(● 8,201)個	@¥ 219		1,796,019	
		Ｇ商品	4,792 個	@¥ 864		● 4,140,288	● 6,571,887
	19	(富山商店)			小切手・約束手形		
		Ｈ商品	3,127 個	@¥ (557)		1,741,739	
		Ｉ商品	6,058 個	@¥ 490		● 2,968,420	
		Ｊ商品	(● 9,534)個	@¥ 686		6,540,324	(11,250,483)
		次ページへ繰越					(● 83,178,714)

商業計算

第１問 次の計算をしなさい。(32点)　@４点×８＝32点

(1) 元金¥468,000を年利率1.6％で65日間貸し付けた。受取利息はいくらですか。(円未満切り上げ)
¥468,000×0.016×65÷365＝¥1,334　答 ¥ 1,334

(2) 原価¥720,000の商品に１割５分の利益を見込んで定価をつけたが，市価下落のため¥35,200値引して販売した。利益額はいくらですか。
¥720,000×(1＋0.15)－¥35,200－¥720,000＝¥72,800　答 ¥ 72,800

(3) 年利率2.4％で73日間貸し付け，期日に元利合計¥638,048を受け取った。元金はいくらですか。
¥638,048÷(1＋0.024×73÷365)＝¥635,000　答 ¥ 635,000

(4) 原価に22％の利益を見込んで定価をつけたが，特売日のため定価の８％引きの¥432,124で販売した。この商品の原価はいくらですか。
¥432,124÷｛(1＋0.22)×(1－0.08)｝＝¥385,000　答 ¥ 385,000

(5) 元金¥584,000を１年３か月借り入れ，期日に元利合計¥602,980を支払った。借入利率は年何％ですか。
(¥602,980－¥584,000)÷(¥584,000×15÷12)＝0.026　答 2.6 ％

(6) 原価¥96,000の商品に25％の利益を見込んで定価をつけたが，傷があったので，定価の22％引きで販売した。損失率は何分何厘ですか。
¥96,000×(1＋0.25)×(1－0.22)＝¥93,600　(¥96,000－¥93,600)÷¥96,000＝0.025　答 2 分 5 厘

(7) 元金¥1,250,000を年利率3.8％で９月５日から11月25日まで借り入れた。期日に支払う元利合計はいくらですか。
(片落し，円未満切り捨て)
¥1,250,000＋(¥1,250,000×0.038×81÷365)＝¥1,260,541　答 ¥ 1,260,541

(8) １個¥3,480の商品を625個仕入れ，仕入諸掛¥25,000とあわせて支払った。諸掛込原価に２割６分の利益を見込んで定価をつけた。定価はいくらですか。
(¥3,480×625＋¥25,000)×(1＋0.26)＝¥2,772,000　答 ¥ 2,772,000

第２問 次の空欄を求めなさい。(18点)　●印@３点×６＝18点

(1) (円未満四捨五入)

No.	仕入原価	利益率	定価	割引率	売価	利益額
1	●¥(256,000)	24 ％	¥ 317,440	(5)％	¥ 301,568	¥(45,568)
2	¥ 789,000	●(31)％	¥ 1,033,590	9 ％	¥(940,567)	¥(151,567)
3	¥ 3,461,000	16 ％	¥(4,014,760)	12 ％	¥(3,532,989)	●¥(71,989)

(2) (両端入れ，円未満切り上げ)

No.	元金	年利率	期間	利息	元利合計
1	●¥(390,000)	2.6 ％	7か月	¥ 5,915	¥(395,915)
2	¥ 438,000	●(1.8)％	1年9か月	¥(13,797)	¥ 451,797
3	¥ 1,504,000	3.4 ％	9月8日～12月21日	¥(14,711)	●¥(1,518,711)

主催　公益社団法人　全国経理教育協会　　後援　文部科学省

第７回計算実務能力検定模擬試験

試験場校
受験番号
採　点

【禁無断転載】
制限時間50分

３　級

帳票計算

第１問　次の仕訳帳および当座預金勘定を完成しなさい。（20点）　●印@２点×10＝20点

仕　訳　帳　26

令和×1年		摘　要		元丁	借　方	貸　方
		前ページから繰越			3,132,715	3,132,715
9	6	(仕　入)	諸　口	28	(● 724,825)	
			(当座預金)	2		451,557
			(買掛金)	12		273,268
	10	諸　口	(売　上)	20		(2,077,723)
		(当座預金)		2	(● 1,235,902)	
		(売掛金)		4	841,821	
	13	(仕　入)	諸　口	28	588,258	
			(当座預金)	2		(● 223,165)
			(支払手形)	11		365,093
	16	(備　品)	諸　口	9	282,186	
			(現　金)	1		39,436
			(未払金)	16		(● 242,750)
	21	諸　口	(売掛金)	4		759,227
		(当座預金)		2	(337,634)	
		(受取手形)		3	421,593	
		次ページへ繰越			(7,564,934)	7,564,934

当　座　預　金　2

令和×1年		摘　要	仕丁	借　方	貸　方	借又は貸	残　高
9	1	前月繰越	√	765,807		借	765,807
	3	支払手形	25		137,055	〃	(● 628,752)
	6	仕　入	26		451,557	〃	(177,195)
	10	売　上	〃	(1,235,902)		〃	(● 1,413,097)
	13	仕　入	〃		(223,165)	〃	1,189,932
	21	売掛金	〃	(● 337,634)		〃	(1,527,566)
	24	買掛金	27		1,539,918	貸	(● 12,352)
	28	受取手形	〃	(● 419,759)		借	407,407
	30	**次月繰越**	√		**407,407**		
				(2,759,102)	(● 2,759,102)		

第２問　伝票を用いて次の計算をしなさい。（20点）　**【別冊伝票算 P. 7 ～ P. 21】**　@４点×５＝20点

(1)　A商品の現金売上合計はいくらですか。　¥ 1,668,779
(2)　B　〃　〃　¥ 2,715,864
(3)　D　〃　〃　¥ 2,286,588
(4)　入金伝票の合計はいくらですか。　¥ 7,836,395
(5)　入金伝票合計と出金伝票合計の差額はいくらですか。　¥ 5,985,466

商業計算は裏面に

第３問　次の売上帳を完成しなさい。（10点）　●印@１点×10＝10点

売　上　帳　5

令和×1年		摘　要			内　訳	金　額
		前ページから繰越				22,806,950
9	13	(石川商店)		小切手・掛		
		A　商　品	5,021 個	@¥ 857	(● 4,302,997)	
		B　商　品	3,907 個	@¥ (● 409)	1,597,963	
		C　商　品	(● 4,786) 個	@¥ 631	3,019,966	
		D　商　品	1,530 個	@¥ 982	(1,502,460)	(● 10,423,386)
	16	(福井商店)		約束手形		
		E　商　品	(● 7,248) 個	@¥ 296	2,145,408	
		F　商　品	6,350 個	@¥ 508	(● 3,225,800)	
		G　商　品	2,819 個	@¥ (● 740)	2,086,060	7,457,268
	21	(静岡商店)		掛		
		H　商　品	9,104 個	@¥ 675	(● 6,145,200)	
		I　商　品	1,475 個	@¥ (314)	463,150	
		J　商　品	(● 8,623) 個	@¥ 290	2,500,670	(● 9,109,020)
		次ページへ繰越				49,796,624

商業計算

第１問　次の計算をしなさい。（32点）　@４点×８＝32点

(1)　元金¥380,000を年利率2.8%で１年９か月借り入れた。期日に支払う元利合計はいくらですか。
¥380,000×（1＋0.028×21÷12）＝¥398,620　　答　¥ 398,620

(2)　原価¥850,000の商品に２割４分の利益を見込んで定価をつけたが，その７%引きで販売した。売価はいくらですか。
¥850,000×（1＋0.24）×（1－0.07）＝¥980,220　　答　¥ 980,220

(3)　年利率3.65%で５月31日から８月18日まで貸し付け，期日に¥11,840の利息を受け取った。元金はいくらですか。（両端入れ）
¥11,840÷（0.0365×80÷365）＝¥1,480,000　　答　¥ 1,480,000

(4)　¥87,000で仕入れた商品に18%の利益を見込んで定価をつけたが，¥97,527で販売した。値引額は定価の何%ですか。
¥87,000×（1＋0.18）－¥97,527＝¥5,133　　¥5,133÷¥102,660＝0.05　　答　5 %

(5)　原価に２割６分の利益を見込んで定価をつけ，定価の８掛で販売した商品の売価が¥361,872であった。この商品の原価はいくらですか。
¥361,872÷0.8÷（1＋0.26）＝¥359,000　　答　¥ 359,000

(6)　元金¥946,000を年利率2.9%で68日間借り入れた。支払利息はいくらですか。（円未満切り捨て）
¥946,000×0.029×68÷365＝¥5,110　　答　¥ 5,110

(7)　商品480ダースを１ダース¥625で仕入れ，仕入諸掛¥3,000とあわせて支払った。この商品の諸掛込原価の24%の利益を見込んで定価をつけた。１ダースあたりの定価はいくらですか。（円未満四捨五入）
（480×625＋¥3,000）×（1＋0.24）÷480＝¥783　　答　¥ 783

(8)　７月25日に元金¥1,480,000を年利率2.5%で借り入れ，期日に元利合計¥1,494,800を支払った。借入期間は何日間ですか。
¥1,494,800－¥1,480,000＝¥14,800　　（¥14,800×365）÷（¥1,480,000×0.025）＝146　　答　146 日

第２問　次の空欄を求めなさい。（18点）　●印@３点×６＝18点

(1)　（円未満四捨五入）

No.	仕入原価	利益率	定　価	値引率	売　価	利益額
1	¥ 785,000	18 %	¥ (926,300)	9 %	¥ (842,933)	●¥ (57,933)
2	¥ 249,000	● (25) %	¥ 311,250	(13) %	¥ 270,788	¥ (21,788)
3	¥ (1,735,000)	16 %	¥ 2,012,600	(8) %	●¥ (1,851,592)	¥ 116,592

(2)　（片落し，円未満切り捨て）

No.	元　金	年利率	期　間	利　息	元利合計
1	¥ 916,000	1.8 %	６月19日～９月20日	¥ (4,201)	●¥ (920,201)
2	¥ 378,000	● (2.4) %	１年６か月	¥ 13,608	¥ (391,608)
3	●¥ (276,000)	3.5 %	73日	¥ (1,932)	¥ 277,932

第８回計算実務能力検定模擬試験

試験場校
受験番号
採点

【禁無断転載】

制限時間50分

３　級

帳票計算

第１問　次の仕訳帳および現金勘定を完成しなさい。（20点）　●印@２点×10＝20点

仕　訳　帳　31

令和×1年		摘要		元丁	借方	貸方
		前ページから繰越			7,107,799	7,107,799
12	7	（仕入）	諸口	39	620,612	
			（現金）	1		●187,976
			（買掛金）	19		432,636
	10	（受取手形）		3	（248,272）	
			（売掛金）	4		248,272
	17	諸口	（売上）	29		●776,892
		（現金）		1	●351,969	
		（売掛金）		4	424,923	
	21	（支払手形）		18	165,772	
			（当座預金）	2		（165,772）
	24	（備品）	諸口	14	107,272	
			（現金）	1		53,136
			（未払金）	23		（54,136）
		次ページへ繰越			9,026,619	●9,026,619

現　金　1

令和×1年		摘要	仕丁	借方	貸方	借又は貸	残高
12	1	前月繰越	√	3,122,243		借	3,122,243
	3	買掛金	20		343,718	〃	●2,778,525
	6	売掛金	25	●527,325		〃	3,305,850
	7	仕入	31		（187,976）	〃	3,117,874
	17	売上	〃	（351,969）		〃	●3,469,843
	24	備品	〃		53,136	〃	3,416,707
	27	仕入	32		●626,287	〃	2,790,420
	28	売上	〃	（331,890）		〃	3,122,310
	29	未払金	33		61,647	〃	（3,060,663）
	31	次月繰越	√		●3,060,663		
				●4,333,427	（4,333,427）		

第２問　伝票を用いて次の計算をしなさい。（20点）　**【別冊伝票算 P. 8 ～ P. 22】**　@４点×５＝20点

(1) Ａ商品の現金売上合計はいくらですか。　￥ 2,162,467
(2) Ｃ　〃　〃　￥ 1,332,662
(3) Ｄ　〃　〃　￥ 1,375,444
(4) 入金伝票の合計はいくらですか。　￥ 6,992,846
(5) 入金伝票合計と出金伝票合計の差額はいくらですか。　￥ 5,141,917

商業計算は裏面に

第３問　次の仕入帳を完成しなさい。（10点）　●印@１点×10＝10点

仕　入　帳　3

令和×1年		摘要			内訳	金額
		前ページから繰越				44,414,489
12	6	（愛知商店）		掛		
		Ａ商品	5,362個	@￥681	●3,651,522	
		Ｂ商品	1,890個	@￥（●590）	1,115,100	
		Ｃ商品	●3,547個	@￥472	1,674,184	
		Ｄ商品	9,706個	@￥845	（8,201,570）	●14,642,376
	10	（岐阜商店）		小切手・掛		
		Ｅ商品	●2,085個	@￥163	339,855	
		Ｆ商品	4,216個	@￥209	●881,144	
		Ｇ商品	8,139個	@￥（●736）	5,990,304	（7,211,303）
	15	（三重商店）		約束手形		
		Ｈ商品	6,987個	@￥（324）	2,263,788	
		Ｉ商品	●7,650個	@￥957	7,321,050	
		Ｊ商品	9,432個	@￥280	●2,640,960	（12,225,798）
		次ページへ繰越				●78,493,966

商業計算

第１問　次の計算をしなさい。（32点）　@４点×８＝32点

(1) ￥876,000を年利率3.1％で10月19日から翌年の１月19日まで借り入れた。支払利息はいくらですか。（片落し，円未満四捨五入）
￥876,000×0.031×92÷365＝￥6,845
答　￥ 6,845

(2) １kgにつき￥750の商品を840kg仕入れ，仕入諸掛￥11,340とあわせて支払った。この商品に諸掛込原価の２割５分の利益を見込んで定価をつけた。定価はいくらですか。
(￥750×840＋￥11,340)×(１＋0.25)＝￥801,675
答　￥ 801,675

(3) 仕入原価￥325,000の商品に16％の利益を見込んで定価をつけたが，特売日のため￥32,500値引きして販売した。利益率は何％ですか。
￥325,000×(１＋0.16)－￥32,500＝￥344,500　(￥344,500－￥325,000)÷￥325,000＝0.06
答　6 ％

(4) 年利率3.5％で146日間貸し付け，期日に元利合計￥486,720を受け取った。元金はいくらでしたか。
￥486,720÷(１＋0.035×146÷365)＝￥480,000
答　￥ 480,000

(5) 原価に１割６分の利益を見込んで定価をつけ，定価の８分引きで販売した商品の利益が￥32,592であった。この商品の原価はいくらですか。
￥32,592÷｛(１＋0.16)×(１－0.08)－１｝＝￥485,000
答　￥ 485,000

(6) 元金￥628,000を年利率2.5％で１年３か月間貸し付けた。期日に受け取る元利合計はいくらですか。
￥628,000×(１＋0.025×15÷12)＝￥647,625
答　￥ 647,625

(7) ある商品を１ダース￥8,400で仕入れ，原価の25％の利益を見込んで販売したい。１個あたりの定価はいくらにすればよいですか。
￥8,400×(１＋0.25)÷12＝￥875
答　￥ 875

(8) 元金￥4,200,000を１年７か月間借り入れ，期日に利息￥226,100を支払った。借入利率は年何分何厘ですか。
￥226,100÷(￥4,200,000×19÷12)＝0.034
答　3 分 4 厘

第２問　次の空欄を求めなさい。（18点）　●印@３点×６＝18点

(1)（円未満四捨五入）

No.	仕入原価	利益率	定価	値引率	売価	利益額
1	￥6,125,000	24 ％	￥（7,595,000）	●（6）％	￥7,139,300	￥（1,014,300）
2	￥（8,537,000）	17 ％	￥9,988,290	9 ％	●￥（9,089,344）	￥（552,344）
3	￥609,000	（25）％	￥761,250	12 ％	￥（669,900）	●￥（60,900）

(2)（両端入れ，円未満切り上げ）

No.	元金	年利率	期間	利息	元利合計
1	￥1,483,000	3.2 ％	１年８か月	￥（79,094）	●￥（1,562,094）
2	●￥（975,000）	2.6 ％	11月９日～１月20日	￥（5,070）	￥980,070
3	￥5,642,000	●（1.4）％	９か月	￥59,241	￥（5,701,241）

主催　公益社団法人　全国経理教育協会　　後援　文部科学省

第９回計算実務能力検定模擬試験

試験場校
受験番号
採　点

【禁無断転載】
制限時間50分

３　級

帳票計算

第１問　次の仕訳帳および買掛金勘定を完成しなさい。(20点)　　●印@２点×10＝20点

仕　訳　帳　　21

令和×1年		摘　要		元丁	借　方	貸　方
		前ページから繰越			5,125,280	5,125,280
9	9	(仕　入)	諸　口	31	650,000	
			(当座預金)	2		225,000
			(買掛金)	18		● 425,000
	12	諸　口	(売　上)	26		737,000
		(受取手形)		3	● 324,000	
		(売掛金)		4	413,000	
	15	(仕　入)		31	613,100	
			(買掛金)	18		613,100
	20	(買掛金)	諸　口	18	876,000	
			(現　金)	1		339,600
			(支払手形)	17		536,400
	22	(給　料)		40	725,051	
			(当座預金)	2		● 684,391
			(預り金)	20		40,660
		次ページへ繰越			● 8,726,431	8,726,431

買　掛　金　　18

令和×1年		摘　要	仕丁	借　方	貸　方	借又は貸	残　高
9	1	前月繰越	✓		567,233	貸	567,233
	2	当座預金	20	448,755		〃	● 118,478
	5	仕　入	〃		538,560	〃	657,038
	7	支払手形	〃	● 316,800		〃	340,238
	9	仕　入	21		425,000	〃	● 765,238
	15	仕　入	〃		613,100	〃	1,378,338
	20	諸　口	〃	● 876,000		〃	502,338
	26	仕　入	22		296,051	〃	● 798,389
	30	次月繰越	✓	798,389			
				2,439,944	● 2,439,944		

第２問　伝票を用いて次の計算をしなさい。(20点)　**【別冊伝票算 P.9～P.23】**　　@４点×５＝20点

(1)	A商品の現金売上合計はいくらですか。	¥ 2,162,467
(2)	B　〃　〃	¥ 2,122,273
(3)	D　〃　〃	¥ 1,375,444
(4)	入金伝票の合計はいくらですか。	¥ 6,992,846
(5)	入金伝票合計と出金伝票合計の差額はいくらですか。	¥ 5,093,896

商業計算は裏面に

第９回計算実務３級

第３問　次の売上帳を完成しなさい。(10点)　　●印@１点×10＝10点

売　上　帳　　5

令和×1年		摘　要				内　訳	金　額
		前ページから繰越					58,565,887
9	5	(滋賀商店)			小切手・掛		
		A 商品	5,616 個	@¥ 495		● 2,779,920	
		B 商品	2,878 個	@¥ ● 803		2,311,034	
		C 商品	● 6,350 個	@¥ 617		3,917,950	9,008,904
	9	(京都商店)			掛		
		D 商品	4,914 個	@¥ 749		● 3,680,586	
		E 商品	● 2,528 個	@¥ 358		905,024	
		F 商品	8,436 個	@¥ ● 590		4,977,240	
		G 商品	1,487 個	@¥ 267		397,029	● 9,959,879
	12	(大阪商店)			小切手・約束手形		
		H 商品	● 5,676 個	@¥ 184		1,044,384	
		I 商品	4,483 個	@¥ 971		● 4,352,993	
		J 商品	7,213 個	@¥ 826		5,957,938	11,355,315
		次ページへ繰越					● 88,889,985

商業計算

第１問　次の計算をしなさい。(32点)　　@４点×８＝32点

(1) ¥573,000を年利率2.9%で85日間貸し付けた。受取利息はいくらですか。(円未満切り上げ)
¥573,000×0.029×85÷365＝¥3,870
答 ¥ 3,870

(2) ある商品に原価の24%の利益を見込んで定価をつけ，定価の８掛の¥555,520で販売した。この商品の原価はいくらですか。
¥555,520÷0.8÷(1＋0.24)＝¥560,000
答 ¥ 560,000

(3) 元金¥789,000を年利率3.2%で７月11日から９月20日まで借り入れた。期日に支払う元利合計はいくらですか。(両端入れ，円未満四捨五入)
¥789,000×(1＋0.032×72÷365)＝¥793,980
答 ¥ 793,980

(4) 原価¥680,000の商品に２割５分の利益を見込んで定価をつけたが，傷があったので¥809,200で販売した。値引率は何%ですか。
¥680,000×(1＋0.25)＝¥850,000　　(¥850,000－¥809,200)÷¥850,000＝0.048
答 4.8 %

(5) １個¥375の商品を48ダース仕入れ，仕入諸掛¥10,800とあわせて支払った。この商品に18%の利益を見込んで定価をつけた。定価はいくらですか。
(¥375×12×48＋¥10,800)×(1＋0.18)＝¥267,624
答 ¥ 267,624

(6) 年利率2.8%で１年３か月間借り入れ，期日に元利合計¥1,423,125を支払った。元金はいくらですか。
¥1,423,125÷(1＋0.028×15÷12)＝¥1,375,000
答 ¥ 1,375,000

(7) 定価¥786,000の商品を２割５分値引きして販売したところ¥63,500の利益を生じた。この商品の原価はいくらですか。
¥786,000×(1－0.25)－¥63,500＝¥526,000
答 ¥ 526,000

(8) ５月24日に元金¥1,022,000を年利率3.5%で貸し付け，期日に利息¥9,016を受け取った。貸付期間は何日間ですか。
¥9,016÷(¥1,022,000×0.035÷365)＝92
答 92 日

第２問　次の空欄を求めなさい。(18点)　　●印@３点×６＝18点

(1) (円未満四捨五入)

No.	仕入原価	利益率	定　価	割引率	売　価	利益額
1	¥ 765,000	28 %	¥ 979,200	● 15 %	¥ 832,320	¥ 67,320
2	¥ 3,461,000	31 %	¥ 4,533,910	8 %	● ¥ 4,171,197	¥ 710,197
3	¥ 978,000	19 %	¥ 1,163,820	12 %	¥ 1,024,162	● ¥ 46,162

(2) (片落し，円未満切り上げ)

No.	元　金	年利率	期　間	利　息	元利合計
1	¥ 870,000	1.8 %	● 1 年 9 か月	¥ 27,405	¥ 897,405
2	¥ 309,500	3.4 %	６月29日～９月８日	¥ 2,047	● ¥ 311,547
3	● ¥ 1,080,000	2.6 %	７か月	¥ 16,380	¥ 1,096,380

主催 公益社団法人 全国経理教育協会　後援 文部科学省

第10回計算実務能力検定模擬試験

試験場校
受験番号
採　点

【禁無断転載】
制限時間50分

3　級

帳票計算

第1問 次の仕訳帳および売掛金勘定を完成しなさい。(20点)　●印@2点×10＝20点

仕　訳　帳　15

令和×1年		摘　要		元丁	借　方	貸　方
		前ページから繰越			6,204,330	6,204,330
12	12	(当座預金)		2	(536,607)	
			(売掛金)	4		536,607
	13	諸口	(受取手形)	3		(603,000)
		(当座預金)		2	600,150	
		(手形売却損)		58	(● 2,850)	
	15	(受取手形)		3	440,100	
			(売掛金)	4		(440,100)
	19	(仕入)	諸口	40	774,656	
			(支払手形)	19		(● 318,600)
			(買掛金)	20		456,056
	21	諸口	(売上)	36		847,246
		(当座預金)		2	(● 208,620)	
		(売掛金)		4	638,626	
		次ページへ繰越			9,405,939	(● 9,405,939)

売　掛　金　4

令和×1年		摘　要	仕丁	借　方	貸　方	借又は貸	残　高
12	1	前月繰越	✓	1,717,628		借	1,717,628
	5	売上	14	462,322		〃	(2,179,950)
	9	売上	〃	(● 787,052)		〃	2,967,002
	12	当座預金	15		(● 536,607)	〃	(2,430,395)
	15	受取手形	〃		(● 440,100)	〃	(1,990,295)
	21	売上	〃	(638,626)		〃	2,628,921
	26	諸口	16		945,707	〃	(● 1,683,214)
	29	当座預金	〃		572,104	〃	(● 1,111,110)
	31	次月繰越	✓		1,111,110		
				(● 3,605,628)	(3,605,628)		

第2問 伝票を用いて次の計算をしなさい。(20点)　**【別冊伝票算 P.10～P.24】**　@4点×5＝20点

(1) A商品の現金売上合計はいくらですか。	¥	1,667,241
(2) B　〃　〃	¥	2,121,830
(3) D　〃　〃	¥	1,375,953
(4) 入金伝票の合計はいくらですか。	¥	6,523,613
(5) 入金伝票合計と出金伝票合計の差額はいくらですか。	¥	4,624,663

商業計算は裏面に

第3問 次の仕入帳を完成しなさい。(10点)　●印@1点×10＝10点

仕　入　帳

令和×1年		摘　要			内　訳	金　額
		前ページから繰越				51,238,536
12	13	(奈良商店)		小切手・掛		
		A商品	4,331個	@¥(● 576)	2,494,656	
		B商品	1,885個	@¥ 840	(1,583,400)	
		C商品	(● 6,847)個	@¥ 391	2,677,177	
		D商品	4,616個	@¥ 628	(● 2,898,848)	(9,654,081)
	16	(和歌山商店)		約束手形		
		E商品	7,716個	@¥ 735	(● 5,671,260)	
		F商品	(● 1,766)個	@¥ 469	828,254	
		G商品	5,586個	@¥(287)	1,603,182	(● 8,102,696)
	19	(兵庫商店)		掛		
		H商品	(● 3,403)個	@¥ 304	1,034,512	
		I商品	8,136個	@¥(● 972)	(7,908,192)	
		J商品	5,067個	@¥ 163	(● 825,921)	9,768,625
		次ページへ繰越				(● 78,763,938)

商業計算

第1問 次の計算をしなさい。(32点)　@4点×8＝32点

(1) 原価¥945,000の商品に16%の利益を見込んで定価をつけたが，その8%引きで販売した。売価はいくらですか。
　¥945,000×(1＋0.16)×(1－0.08)＝¥1,008,504　答 ¥ 1,008,504

(2) 元金¥2,600,000を年利率2.8%で1年4か月間借り入れた。期日に支払う元利合計はいくらですか。(円未満切り捨て)
　¥2,600,000×(1＋0.028×16÷12)＝¥2,697,066　答 ¥ 2,697,066

(3) 原価に2割5分の利益を見込んで定価をつけ，定価の18%引きで販売した商品の利益が¥13,500であった。この商品の原価はいくらですか。
　¥13,500÷{(1＋0.25)×(1－0.18)－1}＝¥540,000　答 ¥ 540,000

(4) 元金¥493,000を年利率3.2%で10月21日から翌年の1月21日まで借り入れた。支払利息はいくらですか。(片落し，円未満四捨五入)
　¥493,000×0.032×92÷365＝¥3,976　答 ¥ 3,976

(5) 年利率3.2%で10月1日から12月12日まで貸し付け，期日に利息¥10,816を受け取った。元金はいくらですか。(両端入れ)
　¥10,816÷(0.032×73÷365)＝¥1,690,000　答 ¥ 1,690,000

(6) 1個¥125の商品を640ダース仕入れ，仕入諸掛¥48,000とあわせて支払った。この商品に12%の利益を見込んで定価をつけた。1ダースあたりの定価はいくらですか。
　(¥125×12×640＋¥48,000)×(1＋0.12)÷640＝¥1,764　答 ¥ 1,764

(7) 原価¥368,000の商品に25%の利益を見込んで定価をつけたが，傷があったので¥36,800値引きして販売した。利益率は何%ですか。
　¥368,000×(1＋0.25)－¥36,800＝¥423,200　(¥423,200－¥368,000)÷¥368,000＝0.15　答 15 %

(8) 元金¥480,000を1年3か月貸し付け，期日に元利合計¥495,600を受け取った。貸付利率は年何分何厘ですか。
　(¥495,600－¥480,000)÷(¥480,000×15÷12)＝0.026　答 2 分 6 厘

第2問 次の空欄を求めなさい。(18点)　●印@3点×6＝18点

(1) (円未満四捨五入)

No.	仕入原価	利益率	定価	割引率	売価	利益額
1	¥ 875,000	28 %	¥(1,120,000)	●(9)%	¥ 1,019,200	¥(144,200)
2	¥(703,100)	19 %	¥ 836,689	7 %	¥(778,121)	●¥(75,021)
3	¥ 2,941,000	(31)%	●¥(3,852,710)	12 %	¥(3,390,385)	¥ 449,385

(2) (両端入れ，円未満切り上げ)

No.	元金	年利率	期間	利息	元利合計
1	●¥(256,000)	2.4 %	9か月	¥ 4,608	¥(260,608)
2	¥ 8,691,000	1.7 %	9月30日～12月30日	¥(37,241)	●¥(8,728,241)
3	¥ 379,000	●(3.2)%	6か月	¥(6,064)	¥ 385,064

主催　公益社団法人　全国経理教育協会　　後援　文部科学省

第11回計算実務能力検定模擬試験

試験場校
受験番号
採　点

【禁無断転載】
制限時間50分

3　級

帳 票 計 算

第1問　次の仕訳帳および現金勘定を完成しなさい。(20点)　●印@2点×10＝20点

仕　訳　帳　18

令和×1年		摘要		元丁	借方	貸方
		前ページから繰越			4,447,079	4,447,079
9	11	諸口	(売上)	38		660,055
		(現金)		1	● 248,855	
		(売掛金)		4	411,200	
	14	(受取手形)		3	297,600	
			(売掛金)	4		(297,600)
	19	(仕入)	諸口	42	● 544,156	
			(現金)	1		173,756
			(買掛金)	18		● 370,400
	21	(買掛金)		18	(235,200)	
			(支払手形)	17		235,200
	22	(備品)	諸口	13	324,560	
			(現金)	1		● 108,000
			(未払金)	21		216,560
		次ページへ繰越			(6,508,650)	6,508,650

現　金　1

令和×1年		摘要	仕丁	借方	貸方	借又は貸	残高
9	1	前月繰越	✓	3,754,465		借	3,754,465
	4	支払手形	13		484,000	〃	(3,270,465)
	8	売掛金	16	228,380		〃	3,498,845
	11	売上	18	● 248,855		〃	(3,747,700)
	19	仕入	〃		● 173,756	〃	3,573,944
	22	備品	〃		108,000	〃	● 3,465,944
	25	仕入	20		● 318,732	〃	3,147,212
	27	売上	21	● 525,606		〃	3,672,818
	29	未払金	27		216,560	〃	● 3,456,258
	30	**次月繰越**	✓		(3,456,258)		
				4,757,306	4,757,306		

第2問　伝票を用いて次の計算をしなさい。(20点)　**【別冊伝票算 P.11～P.25】**　@4点×5＝20点

(1)　B商品の現金売上合計はいくらですか。　¥ 2,121,830
(2)　C　〃　〃　¥ 1,358,589
(3)　D　〃　〃　¥ 1,375,953
(4)　入金伝票の合計はいくらですか。　¥ 6,523,613
(5)　入金伝票合計と出金伝票合計の差額はいくらですか。　¥ 4,786,894

商業計算は裏面に

第3問　次の売上帳を完成しなさい。(10点)　●印@1点×10＝10点

売　上　帳　4

令和×1年		摘要				内訳	金額
		前ページから繰越					23,733,498
9	11	(鳥取商店)			小切手・掛		
		A商品	2,092 個	@¥	(● 694)	1,451,848	
		B商品	3,266 個	@¥	203	(662,998)	
		C商品	(● 3,180) 個	@¥	781	2,483,580	
		D商品	1,456 個	@¥	529	(● 770,224)	(● 5,368,650)
	15	(島根商店)			約束手形		
		E商品	4,563 個	@¥	850	(● 3,878,550)	
		F商品	6,536 個	@¥	(● 917)	5,993,512	
		G商品	(● 7,544) 個	@¥	342	2,580,048	(12,452,110)
	20	(岡山商店)			掛		
		H商品	(● 5,904) 個	@¥	168	991,872	
		I商品	4,873 個	@¥	(790)	3,849,670	
		J商品	3,621 個	@¥	475	(● 1,719,975)	6,561,517
		次ページへ繰越					(● 48,115,775)

商 業 計 算

第1問　次の計算をしなさい。(32点)　@4点×8＝32点

(1)　¥639,000を年利率3.3%で5月11日から8月11日まで貸し付けた。受取利息はいくらですか。(両端入れ，円未満切り捨て)
¥639,000×0.033×93÷365＝¥5,372　答 ¥ 5,372

(2)　1kgにつき¥5,200の商品を45kg仕入れ，仕入諸掛¥11,700とあわせて支払った。この商品に諸掛込原価の2割5分の利益を見込んで定価をつけた。定価はいくらですか。
(¥5,200×45＋¥11,700)×(1＋0.25)＝¥307,125　答 ¥ 307,125

(3)　年利率2.3%で1年9か月間借り入れ，利息¥18,837を支払った。元金はいくらでしたか。
¥18,837÷(0.023×21÷12)＝¥468,000　答 ¥ 468,000

(4)　原価に27%の利益を見込んで定価をつけ，定価の8掛で販売した商品の売価が¥431,800であった。この商品の原価はいくらですか。
¥431,800÷0.8÷(1＋0.27)＝¥425,000　答 ¥ 425,000

(5)　¥872,000を年利率2.9%で78日間貸し付けた。期日に受け取る元利合計はいくらですか。(円未満四捨五入)
¥872,000×(1＋0.029×78÷365)＝¥877,404　答 ¥ 877,404

(6)　原価¥150,000の商品に2割の利益を見込んで定価をつけ，傷があったので定価の2割4分引きで販売した。損失率は何分何厘ですか。
¥150,000×(1＋0.2)×(1－0.24)＝¥136,800　(¥150,000－¥136,800)÷¥150,000＝0.088　答 8 分 8 厘

(7)　6月4日に¥1,825,000を年利率2.6%で借り入れ，期日に利息¥12,740を支払った。借入期間は何日間ですか。
¥12,740÷(¥1,825,000×0.026÷365)＝98　答 98 日

(8)　定価¥596,000の商品を18%の値引きをして販売したところ，¥11,280の損失を生じた。この商品の原価はいくらですか。
¥596,000×(1－0.18)＋¥11,280＝¥500,000　答 ¥ 500,000

第2問　次の空欄を求めなさい。(18点)　●印@3点×6＝18点

(1)

No.	仕入原価	利益率	定価	割引率	売価	利益額
1	¥ 628,000	15 %	¥ (722,200)	8 %	¥ (664,424)	● ¥ (36,424)
2	¥ (1,785,000)	24 %	¥ 2,213,400	(12) %	● ¥ (1,947,792)	¥ 162,792
3	¥ 945,000	(18) %	¥ 1,115,100	● (9) %	¥ 1,014,741	¥ (69,741)

(2)　(片落し，円未満切り捨て)

No.	元金	年利率	期間	利息	元利合計
1	¥ 407,000	1.6 %	95日	¥ (1,694)	● ¥ (408,694)
2	● ¥ (765,000)	2.5 %	7月8日～9月19日	¥ (3,825)	¥ 768,825
3	¥ 291,000	● (3.2) %	1年3か月	¥ 11,640	¥ (302,640)

第12回計算実務能力検定模擬試験

試験場校
受験番号
採　点

【禁無断転載】
制限時間50分

3　級

帳 票 計 算

第1問　次の仕訳帳および当座預金勘定を完成しなさい。(20点)

●印@2点×10＝20点

仕　訳　帳　20

令和×1年		摘要		元丁	借方	貸方
		前ページから繰越			2,993,504	2,993,504
12	12	(仕　入)	諸　口	26	556,118	
			(当座預金)	2		(216,118)
			(支払手形)	12		340,000
	13	諸　口	(売　上)	19		(● 749,029)
		(当座預金)		2	292,370	
		(売掛金)		4	(● 456,659)	
	15	(仕　入)	諸　口	26	(641,564)	
			(当座預金)	2		311,532
			(買掛金)	13		330,032
	18	諸　口	(売掛金)	4		610,478
		(当座預金)		2	(● 280,078)	
		(受取手形)		3	330,400	
	20	(給　料)	諸　口	31	740,333	
			(当座預金)	2		(● 703,685)
			(預り金)	15		36,648
		次ページへ繰越			6,291,026	(6,291,026)

当　座　預　金　2

令和×1年		摘要	仕丁	借方	貸方	借又は貸	残高
12	1	前月繰越	✓	852,698		借	852,698
	5	買掛金	19		393,900	〃	(458,798)
	12	仕入	20		(● 216,118)	〃	242,680
	13	売上	〃	292,370		〃	(● 535,050)
	15	仕入	〃		(311,532)	〃	223,518
	18	売掛金	〃	(280,078)		〃	(● 503,596)
	20	給料	〃		(703,685)	貸	(● 200,089)
	25	支払手形	24	(● 467,200)		借	267,111
	31	次月繰越	✓		267,111		
				(1,892,346)	(● 1,892,346)		

第2問　伝票を用いて次の計算をしなさい。(20点)　【別冊伝票算 P.12～P.26】

@4点×5＝20点

(1)	A商品の現金売上合計はいくらですか。	¥ 1,663,894
(2)	B　〃　〃	¥ 2,125,507
(3)	D　〃　〃	¥ 1,370,789
(4)	入金伝票の合計はいくらですか。	¥ 6,720,429
(5)	入金伝票合計と出金伝票合計の差額はいくらですか。	¥ 4,983,710

商業計算は裏面に

第3問　次の仕入帳を完成しなさい。(10点)

●印@1点×10＝10点

仕　入　帳　5

令和×1年		摘要			内訳	金額
		前ページから繰越				52,480,485
12	14	(広島商店)		掛・約束手形		
		A 商 品	(● 2,955) 個	@¥ 872	2,576,760	
		B 商 品	1,455 個	@¥ (● 590)	858,450	
		C 商 品	4,196 個	@¥ 961	(● 4,032,356)	
		D 商 品	5,908 個	@¥ (403)	2,380,924	(● 9,848,490)
	18	(山口商店)		掛		
		E 商 品	4,927 個	@¥ 286	(1,409,122)	
		F 商 品	(● 7,177) 個	@¥ 714	5,124,378	
		G 商 品	3,210 個	@¥ (● 197)	632,370	(● 7,165,870)
	21	(香川商店)		小切手・掛		
		H 商 品	2,064 個	@¥ 348	(718,272)	
		I 商 品	(● 7,686) 個	@¥ 950	7,301,700	
		J 商 品	2,996 個	@¥ (625)	(● 1,872,500)	9,892,472
		次ページへ繰越				(● 79,387,317)

商 業 計 算

第1問　次の計算をしなさい。(32点)

@4点×8＝32点

(1) 元金¥873,000を年利率3.9%で9月5日から12月5日まで借り入れた。期日に支払う元利合計はいくらですか。(両端入れ，円未満切り上げ)

¥873,000×(1＋0.039×92÷365)＝¥881,582　　答 ¥ 881,582

(2) 原価¥426,000の商品に25%の利益を見込んで定価をつけたが，その18%引きで販売した。売価はいくらですか。

¥426,000×(1＋0.25)×(1－0.18)＝¥436,650　　答 ¥ 436,650

(3) 元金¥1,820,000を年利率3.4%で1年7か月借り入れた。支払利息はいくらですか。(円未満切り捨て)

¥1,820,000×0.034×19÷12＝¥97,976　　答 ¥ 97,976

(4) 原価¥750,000の商品に2割4分の利益を見込んで定価をつけたが，¥855,600で販売した。値引率は定価の何%ですか。

¥750,000×(1＋0.24)＝¥930,000　(¥930,000－¥855,600)÷¥930,000＝0.08　　答 8 %

(5) 原価に18%の利益を見込んで定価をつけ，定価の8掛で販売した商品の売価が¥517,312であった。この商品の原価はいくらですか。

¥517,312÷(1.18×0.8)＝¥548,000　　答 ¥ 548,000

(6) 元金¥730,000を95日間貸し付け，期日に元利合計¥734,940を受け取った。貸付利率は年何分何厘ですか。

(¥734,940－¥730,000)÷(¥730,000×95÷365)＝0.026　　答 2 分 6 厘

(7) 商品625ダースを1ダース¥480で仕入れ，仕入諸掛¥15,000とあわせて支払った。この商品に25%の利益を見込んで定価をつけた。1ダースあたりの定価はいくらですか。(円未満四捨五入)

(625×¥480＋¥15,000)×(1＋0.25)÷625＝¥630　　答 ¥ 630

(8) 年利率2.5%で11月19日から翌年の1月31日まで貸し付け，期日に利息¥8,200を受け取った。元金はいくらでしたか。(片落し)

¥8,200÷(0.025×73÷365)＝¥1,640,000　　答 ¥ 1,640,000

第2問　次の空欄を求めなさい。(18点)

●印@3点×6＝18点

(1) (円未満四捨五入)

No.	仕入原価	利益率	定価	割引率	売価	利益額
1	¥ 549,000	18 %	¥ (647,820)	● (5) %	¥ 615,429	¥ (66,429)
2	¥ 1,837,000	(16) %	¥ 2,130,920	9 %	¥ (1,939,137)	●¥ (102,137)
3	¥ (692,000)	23 %	¥ 851,160	(15) %	●¥ (723,486)	¥ 31,486

(2) (両端入れ，円未満切り上げ)

No.	元金	年利率	期間	利息	元利合計
1	¥ (785,000)	2.8 %	73日	●¥ (4,396)	¥ 789,396
2	¥ 1,864,000	● (1.6) %	1年9か月	¥ 52,192	¥ (1,916,192)
3	¥ 395,000	2.3 %	9月26日～12月18日	¥ (2,091)	●¥ (397,091)

主催　公益社団法人　全国経理教育協会　　後援　文部科学省

第13回計算実務能力検定模擬試験

試験場校
受験番号
採　点

【禁無断転載】
制限時間50分

3　級

帳票計算

第1問　次の仕訳帳および当座預金勘定を完成しなさい。(20点)　●印@2点×10＝20点

仕　訳　帳　38

令和×1年		摘	要	元丁	借方	貸方
		前ページから繰越			3,727,309	3,727,309
12	7	(仕　入)	諸　口	25	656,603	
			(当座預金)	2		375,179
			(支払手形)	11		● 281,424
	10	(備　品)	諸　口	10	● 219,352	
			(現　金)	1		46,689
			(未払金)	14		172,663
	12	諸　口	(売　上)	20		1,148,248
		(当座預金)		2	509,835	
		(売掛金)		4	638,413	
	16	(仕　入)	諸　口	25	313,972	
			(支払手形)	11		139,063
			(買掛金)	12		● 174,909
	18	諸　口	(売掛金)	4		459,840
		(現　金)		1	● 128,740	
		(受取手形)		3	331,100	
		次ページへ繰越			6,525,324	6,525,324

当　座　預　金　2

令和×1年		摘要	仕丁	借方	貸方	借又は貸	残高
12	1	前月繰越	✓	964,309		借	964,309
	5	売掛金	37	413,521		〃	● 1,377,830
	7	仕入	38		375,179	〃	1,002,651
	12	売上	〃	● 509,835		〃	1,512,486
	20	支払手形	39		● 1,226,288	〃	286,198
	25	給料	〃		316,333	貸	● 30,135
	27	受取手形	〃	● 742,028		借	711,893
	29	買掛金	40		566,912	〃	144,981
	31	**次月繰越**	✓		**144,981**		
				2,629,693	● 2,629,693		

第2問　伝票を用いて次の計算をしなさい。(20点)　**【別冊伝票算 P.13～P.27】**　@4点×5＝20点

(1)　A商品の現金売上合計はいくらですか。　¥ 1,663,894
(2)　B　〃　〃　¥ 2,125,507
(3)　C　〃　〃　¥ 1,560,239
(4)　入金伝票の合計はいくらですか。　¥ 6,720,429
(5)　入金伝票合計と出金伝票合計の差額はいくらですか。　¥ 4,763,368

商業計算は裏面に

第3問　次の仕入帳を完成しなさい。(10点)　●印@1点×10＝10点

仕　入　帳　5

令和×1年		摘要				内訳	金額
		前ページから繰越					31,580,496
11	17	(愛媛商店)			掛		
		A　商品	6,460 個	@¥	942	● 6,085,320	
		B　商品	● 3,303 個	@¥	635	2,097,405	
		C　商品	6,090 個	@¥	802	● 4,884,180	
		D　商品	7,876 個	@¥	● 317	2,496,692	15,563,597
	21	(徳島商店)			受取手形		
		E　商品	4,028 個	@¥	721	2,904,188	
		F　商品	1,558 個	@¥	● 305	475,190	
		G　商品	● 2,202 個	@¥	490	1,078,980	● 4,458,358
	24	(高知商店)			小切手		
		H　商品	4,865 個	@¥	149	724,885	
		I　商品	● 5,852 個	@¥	862	5,044,424	
		J　商品	3,847 個	@¥	● 657	2,527,479	8,296,788
		次ページへ繰越					● 59,899,239

商業計算

第1問　次の計算をしなさい。(32点)　@4点×8＝32点

(1)　元金¥986,000を年利率3.7%で52日貸し付けた。利息はいくらですか。(円未満四捨五入)
¥986,000×0.037×52÷365＝¥5,197　答 ¥ 5,197

(2)　1ダース¥560の商品を140ダース仕入れ，仕入諸掛¥11,200とあわせて支払った。この商品に諸掛込原価の3割5分の利益を見込んで定価をつけた時，1ダースの定価はいくらですか。
(¥560×140＋¥11,200)×(1＋0.35)÷140＝¥864　答 ¥ 864

(3)　8月3日に元金¥803,000を年利率2.5%で借り入れ，期日に元利合計¥811,030を支払った。借り入れ期間は何日ですか。
(¥811,030－¥803,000)÷(¥803,000×0.025÷365)＝146　答 146 日

(4)　今年度の交際費は¥2,414,503であり，これは前期の15.5%減である。前期の交際費はいくらですか。
¥2,414,503÷(1－0.155)＝¥2,857,400　答 ¥ 2,857,400

(5)　原価¥845,000の商品に27%の利益を見込んで定価をつけたが，その6%引きで販売した。売価はいくらですか。
¥845,000×(1＋0.27)×(1－0.06)＝¥1,008,761　答 ¥ 1,008,761

(6)　¥760,000を2年4か月貸し付けて，元利合計¥837,672を受け取った。年利率は何パーセントですか。(パーセントの小数第2位未満切り捨て)
(¥837,672－¥760,000)÷(¥760,000×28÷12)＝0.0438　答 4.38 %

(7)　1個¥890の商品を2,450個仕入れ，仕入諸掛¥19,500とあわせて支払った。定価の7掛半で販売しても，諸掛込原価の17%が利益が得られるようにするには，定価をいくらにすればよいですか。
(¥890×2,450＋¥19,500)×(1＋0.17)÷(1－0.25)＝¥3,432,000　答 ¥ 3,432,000

(8)　元金¥1,095,000を年利率3.9%で93日借り入れた。利息はいくらですか。
¥1,095,000×0.039×93÷365＝¥10,881　答 ¥ 10,881

第2問　次の空欄を求めなさい。(18点)　●印@3点×6＝18点

(1)　(円未満四捨五入)

No.	仕入原価	利益率	定価	値引率	売価	利益額
1	● ¥ 1,763,000	25 %	¥ 2,203,750	8 %	¥ 2,027,450	¥ 264,450
2	¥ 385,000	16 %	¥ 446,600	7 %	¥ 415,338	● ¥ 30,338
3	¥ 497,000	● 28 %	¥ 636,160	16 %	¥ 534,374	¥ 37,374

(2)　(両端入れ，円未満切り上げ)

No.	元金	年利率	期間	利息	元利合計
1	¥ 9,835,000	● 2.4 %	11月17日～1月28日	¥ 47,208	¥ 9,882,208
2	¥ 485,000	3.6 %	2年3か月	● ¥ 39,285	¥ 524,285
3	¥ 249,000	5.7 %	68日	¥ 2,645	● ¥ 251,645

第14回計算実務能力検定模擬試験

試験場校
受験番号
採　点

【禁無断転載】
制限時間50分

3　級

帳票計算

第1問　次の仕訳帳および売掛金勘定を完成しなさい。（20点）　●印@2点×10＝20点

仕　訳　帳　23

令和×1年		摘　要		元丁	借　方	貸　方
		前ページから繰越			2,483,861	2,483,861
12	10	諸　口	（売　上）	20		● 583,628
		（現　金）		1	37,452	
		（売　掛　金）		4	546,176	
	13	（仕　入）	諸　口	25	● 312,843	
			（当座預金）	2		40,279
			（買　掛　金）	12		● 272,564
	18	諸　口	（売　上）	20		653,540
		（受取手形）		3	● 187,784	
		（売　掛　金）		4	465,756	
	20	諸　口	（受取手形）	3		（494,252）
		（当座預金）		2	487,003	
		（手形売却損）		35	7,249	
	25	（給　料）	諸　口	33	262,021	
			（預　り　金）	17		● 17,263
			（当座預金）	2		244,758
		次ページへ繰越			4,790,145	（4,790,145）

売　掛　金　4

令和×1年		摘　要	仕丁	借　方	貸　方	借又は貸	残　高
12	1	前月繰越	√	752,454		借	752,454
	3	売　上	22	● 287,236		〃	1,039,690
	6	諸　口	〃		217,122	〃	● 822,568
	8	受取手形	〃		● 591,692	〃	230,876
	10	売　上	23	546,176		〃	777,052
	18	売　上	〃	（465,756）		〃	● 1,242,808
	27	諸　口	24		672,472	〃	570,336
	31	**次月繰越**	√		**570,336**		
				● 2,051,622	（2,051,622）		

第2問　伝票を用いて次の計算をしなさい。（20点）【別冊伝票算 P.14～P.28】　@4点×5＝20点

(1)	A商品の現金売上合計はいくらですか。	¥ 1,663,894
(2)	B　〃　〃	¥ 2,125,507
(3)	D　〃　〃	¥ 1,370,789
(4)	入金伝票の合計はいくらですか。	¥ 6,720,429
(5)	入金伝票合計と出金伝票合計の差額はいくらですか。	¥ 4,401,385

商業計算は裏面に

第3問　次の仕入帳を完成しなさい。（10点）　●印@1点×10＝10点

仕　入　帳　5

令和×1年		摘　要			内　訳	金　額
		前ページから繰越				28,102,086
12	16	（福岡商店）		小切手		
		A　商　品	● 3,772個	@¥ 608	2,293,376	
		B　商　品	2,386個	@¥ 401	（956,786）	
		C　商　品	1,284個	@¥（297）	381,348	● 3,631,510
	19	（大分商店）		掛		
		D　商　品	6,751個	@¥ 725	（4,894,475）	
		E　商　品	● 1,044個	@¥ 549	573,156	
		F　商　品	3,780個	@¥（● 803）	3,035,340	
		G　商　品	1,758個	@¥ 674	● 1,184,892	（9,687,863）
	22	（熊本商店）		現　金		
		H　商　品	6,967個	@¥（● 314）	2,187,638	
		I　商　品	2,523個	@¥ 962	● 2,427,126	
		J　商　品	● 4,857個	@¥ 853	4,143,021	● 8,757,785
		次ページへ繰越				● 50,179,244

商業計算

第1問　次の計算をしなさい。（32点）　@4点×8＝32点

(1)　¥620,000で仕入れた商品に，17%の利益をみて定価をつけ，¥40,300の値引きをして販売した。利益額は原価の何パーセントですか。
¥620,000×（1＋0.17）－¥40,300＝¥685,100　（¥685,100－¥620,000）÷¥620,000＝0.105
答　10.5 %

(2)　元金¥540,000を年利率2.8%で2年10か月貸し付けた。利息はいくらですか。
¥540,000×0.028×34÷12＝¥42,840
答　¥ 42,840

(3)　1個¥380の商品を950個仕入れ，仕入諸掛¥5,400とあわせて支払った。この商品を¥440,000で販売すると，利益額はいくらですか。
¥440,000－（¥380×950＋¥5,400）＝¥73,600
答　¥ 73,600

(4)　¥732,000を1年8か月借り入れて，元利合計¥790,560を支払った。年利率は何パーセントですか。
（¥790,560－¥732,000）÷（¥732,000×20÷12）＝0.048
答　4.8 %

(5)　原価¥482,000の商品を販売するのに，定価の8掛で販売しても，原価の1割7分の利益が得られるようにするには，定価をいくらにすればよいですか。
¥482,000×（1＋0.17）÷0.8＝¥704,925
答　¥ 704,925

(6)　1ダース¥9,370の商品を，125ダース仕入れ，仕入諸掛¥58,750とあわせて支払った。この商品に諸掛込原価の25%の利益を見込んで定価をつけた。定価は1ダースにつきいくらになりますか。
（¥9,370×125＋¥58,750）×（1＋0.25）÷125＝¥12,300
答　¥ 12,300

(7)　6月7日に元金¥418,000を年利率3.5%で貸し付け，期日に利息¥2,926を受け取った。返済期日は何月何日ですか。（片落し）
¥2,926÷（¥418,000×0.035÷365）＝73　∴6月7日の73日後は8月19日
答　8 月 19 日

(8)　今期の売上高は¥22,543,560であったが，来年度はこの25%増しにしたい。来年度の売上高目標額はいくらですか。
¥22,543,560×（1＋0.25）＝¥28,179,450
答　¥ 28,179,450

第2問　次の空欄を求めなさい。（18点）　●印@3点×6＝18点

(1)（円未満切り捨て）

No.	仕入原価	利益率	定　価	割引率	売　価	利益額
1	¥ 519,000	26 %	¥（653,940）	11 %	●¥（582,006）	¥（63,006）
2	¥ 640,000	●（18）%	¥ 755,200	4 %	¥（724,992）	¥ 84,992
3	●¥（3,710,000）	17 %	¥ 4,340,700	（5）%	¥ 4,123,665	¥（413,665）

(2)（片落し，円未満四捨五入）

No.	元　金	年利率	期　間	利　息	元利合計
1	¥ 637,000	5.9 %	11か月	¥ 34,451	●¥（671,451）
2	¥ 511,000	（4.2）%	7月14日～9月12日	●¥（3,528）	¥ 514,528
3	●¥（288,000）	6.3 %	2年1か月	¥（37,800）	¥ 325,800

主催　公益社団法人　全国経理教育協会　　後援　文部科学省

第15回計算実務能力検定模擬試験

試験場校
受験番号
採　点

【禁無断転載】
制限時間50分

3　級

帳票計算

第1問　次の仕訳帳および当座預金勘定を完成しなさい。(20点)　●印@2点×10＝20点

仕　訳　帳　38

令和×1年		摘要		元丁	借方	貸方
		前ページから繰越			6,127,504	6,127,504
9	13	(仕入)	諸口	51	384,820	
			(当座預金)	2		252,842
			(買掛金)	22		(● 131,978)
	17	(備品)		14	(167,899)	
			(未払金)	23		167,899
	19	諸口	(売上)	41		739,725
		(当座預金)		2	507,924	
		(売掛金)		4	(● 231,801)	
	22	(支払手形)		21	303,601	
			(当座預金)	2		(303,601)
	24	諸口	(売掛金)	4		(● 464,822)
		(当座預金)		2	130,298	
		(受取手形)		3	(● 334,524)	
		次ページへ繰越			8,188,371	(8,188,371)

当　座　預　金　2

令和×1年		摘要	仕丁	借方	貸方	借又は貸	残高
9	1	前月繰越	✓	247,860		借	247,860
	6	売上	37	331,000		〃	(● 578,860)
	8	買掛金	〃		(438,937)	〃	139,923
	13	仕入	38		(● 252,842)	貸	112,919
	19	売上	〃	(● 507,924)		借	395,005
	22	支払手形	〃		303,601	〃	(91,404)
	24	売掛金	〃	(130,298)		〃	221,702
	25	給料	39		152,549	〃	(● 69,153)
	29	受取手形	〃	(● 231,658)		〃	300,811
	30	次月繰越	✓		(300,811)		
				(1,448,740)	(● 1,448,740)		

第2問　伝票を用いて次の計算をしなさい。(20点)　**【別冊伝票算 P.15～P.29】**　@4点×5＝20点

(1) A商品の現金売上合計はいくらですか。	¥	1,665,448
(2) C　〃　〃	¥	1,559,318
(3) D　〃　〃	¥	1,617,730
(4) 入金伝票の合計はいくらですか。	¥	6,940,365
(5) 入金伝票合計と出金伝票合計の差額はいくらですか。	¥	4,621,321

商業計算は裏面に

第3問　次の仕入帳を完成しなさい。(10点)　●印@1点×10＝10点

仕　入　帳　3

令和×1年		摘要			内訳	金額
		前ページから繰越				23,502,724
9	13	(佐賀商店)		掛		
		A商品	3,277 個	@¥(● 816)	2,674,032	
		B商品	(1,081)個	@¥ 749	809,669	
		C商品	2,110 個	@¥ 951	(● 2,006,610)	(● 5,490,311)
	16	(長崎商店)		受取手形		
		D商品	(● 5,132)個	@¥ 237	1,216,284	
		E商品	7,138 個	@¥ 475	(● 3,390,550)	
		F商品	1,268 個	@¥(● 792)	1,004,256	
		G商品	5,731 個	@¥ 520	(2,980,120)	8,591,210
	18	(宮崎商店)		小切手		
		H商品	(● 7,416)個	@¥ 368	2,729,088	
		I商品	4,679 個	@¥ 103	(● 481,937)	
		J商品	2,960 個	@¥(684)	2,024,640	(● 5,235,665)
		次ページへ繰越				(● 42,819,910)

商業計算

第1問　次の計算をしなさい。(32点)　@4点×8＝32点

(1) 元金¥892,000を年利率4.5%で貸し付け，期日に元利合計¥952,210を受け取った。貸付期間は何年何か月ですか。
(¥952,210－¥892,000)÷(¥892,000×0.045÷12)＝18 (18か月)
答　1　年　6　か月

(2) 定価¥613,000の商品を¥465,880で販売した。値引率は何パーセントですか。
1－¥465,880÷¥613,000＝0.24
答　24　%

(3) 元金¥250,800を10月8日から12月7日まで年利率2.7%で借り入れた。期日に支払う元利合計はいくらですか。(両端入れ，円未満切り上げ)
¥250,800＋(¥250,800×0.027×61÷365)＝¥251,932
答　¥　251,932

(4) 1個¥1,960の商品を340個仕入れ，仕入諸掛¥6,600とあわせて支払った。諸掛込原価に2割2分の利益を見込んで定価をつけたが内損品があったために5分の値引きをした。売価はいくらですか。
(¥1,960×340＋¥6,600)×(1＋0.22)×(1－0.05)＝¥780,007
答　¥　780,007

(5) 元金¥6,910,000を8か月間貸し付け，期日に利息¥207,300を受け取った。年利率は何パーセントですか。
¥207,300÷8×12÷¥6,910,000＝0.045
答　4.5　%

(6) 原価¥496,000の商品を，定価の23%引きで売っても，¥76,880の利益が得られるようにするには，定価をいくらにすればよいですか。
(¥496,000＋¥76,880)÷(1－0.23)＝¥744,000
答　¥　744,000

(7) 年利率4.38%で127日間借り入れ，元利合計¥3,654,864を支払った。元金はいくらですか。
¥3,654,864÷(1＋0.0438×127÷365)＝¥3,600,000
答　¥　3,600,000

(8) 1ダース¥35,200の商品を120ダース仕入れ，仕入諸掛¥276,000とあわせて支払った。諸掛込原価に24%の利益を見込んで定価をつけると商品1個あたりの定価はいくらになりますか。
(¥35,200×120＋¥276,000)×0.24÷(120×12)＝¥3,875
答　¥　3,875

第2問　次の空欄を求めなさい。(18点)　●印@3点×6＝18点

(1) (円未満四捨五入)

No.	仕入原価	利益率	定価	値引率	売価	利益額
1	¥ 276,000	38 %	¥(380,880)	17 %	¥(316,130)	●¥(40,130)
2	●¥(985,000)	26 %	¥ 1,241,100	(9)%	¥ 1,129,401	¥(144,401)
3	¥ 430,000	●(17)%	¥ 503,100	5 %	¥(477,945)	¥ 47,945

(2) (片落し，円未満切り捨て)

No.	元金	年利率	期間	利息	元利合計
1	¥ 389,000	●(6)%	1年6か月	¥ 35,010	¥(424,010)
2	¥ 624,000	10.5 %	11月16日～1月9日	●¥(9,693)	¥(633,693)
3	●¥(570,000)	8.4 %	9か月	¥(35,910)	¥ 605,910

【禁無断転載】
制限時間50分

第16回計算実務能力検定模擬試験

3　級

試験場校
受験番号
採　点

帳 票 計 算

第1問　次の仕訳帳および買掛金勘定を完成しなさい。(20点)　●印@2点×10＝20点

仕　訳　帳　27

令和×1年		摘	要	元丁	借方	貸方
		前ページから繰越			5,105,277	5,105,277
9	16	(仕入)	諸口	51	322,288	
			(支払手形)	11		206,322
			(買掛金)	12		(● 115,966)
	19	諸口	(受取手形)	3		298,080
		(当座預金)		2	(● 289,734)	
		(手形売却損)		63	8,346	
	22	(売掛金)		4	473,398	
			(売上)	41		(473,398)
	24	(買掛金)	諸口	12	(167,659)	
			(支払手形)	11		(● 146,956)
			(現金)	1		20,703
	25	(給料)	諸口	57	512,285	
			(預り金)	18		35,169
			(当座預金)	2		(477,116)
		次ページへ繰越			(● 6,878,987)	6,878,987

買　掛　金　12

令和×1年		摘要	仕丁	借方	貸方	借又は貸	残高
9	1	前月繰越	✓		571,044	貸	571,044
	3	当座預金	25	197,630		〃	(● 373,414)
	7	仕入	〃		(102,439)	〃	475,853
	10	仕入	26		(● 280,580)	〃	756,433
	13	支払手形	〃	464,130		〃	(● 292,303)
	16	仕入	27		(115,966)	〃	408,269
	24	諸口	〃	(167,659)		〃	240,610
	28	仕入	28		225,410	〃	(● 466,020)
	30	次月繰越	✓	(● 466,020)			
				(1,295,439)	(● 1,295,439)		

第2問　伝票を用いて次の計算をしなさい。(20点)　**【別冊伝票算 P.16～P.30】**　@4点×5＝20点

(1) B商品の現金売上合計はいくらですか。　¥ 2,333,193
(2) C　〃　〃　¥ 1,559,057
(3) D　〃　〃　¥ 1,637,222
(4) 入金伝票の合計はいくらですか。　¥ 7,227,909
(5) 入金伝票合計と出金伝票合計の差額はいくらですか。　¥ 4,908,865

商業計算は裏面に

第3問　次の売上帳を完成しなさい。(10点)　●印@1点×10＝10点

売　上　帳　3

令和×1年		摘要				内訳	金額
		前ページから繰越					40,143,390
8	11	(鹿児島商店)			受取手形		
		A 商品	2,873 個	@¥	(● 841)	2,416,193	
		B 商品	4,856 個	@¥	539	(● 2,617,384)	
		C 商品	(2,283) 個	@¥	706	1,611,798	(● 6,645,375)
	14	(沖縄商店)			掛		
		D 商品	6,645 個	@¥	219	(● 1,455,255)	
		E 商品	1,143 個	@¥	(683)	780,669	
		F 商品	(● 4,051) 個	@¥	971	3,933,521	
		G 商品	3,790 個	@¥	526	(1,993,540)	(● 8,162,985)
	16	(四国商店)			小切手		
		H 商品	(● 7,236) 個	@¥	327	2,366,172	
		I 商品	4,218 個	@¥	189	(● 797,202)	
		J 商品	6,252 個	@¥	(● 463)	2,894,676	(6,058,050)
		次ページへ繰越					(● 61,009,800)

商 業 計 算

第1問　次の計算をしなさい。(32点)　@4点×8＝32点

(1) 1個¥4,290の商品を360個仕入れ，17%の利益を見込んで定価をつけた。利益額はいくらですか。
¥4,290×360×0.17＝¥262,548　答 ¥ 262,548

(2) 年利率3.48%で146日間借り入れ，利息¥132,240を支払った。元金はいくらですか。
¥132,240×365÷146÷0.0348＝¥9,500,000　答 ¥ 9,500,000

(3) 定価¥752,800の商品を¥639,880で販売した。売価は定価の何パーセント引きですか。
1－¥639,880÷¥752,800＝0.15　答 15 %

(4) 元金¥179,000を年利率3.2%で45日間借り入れた。期日に支払う元利合計はいくらですか。(円未満四捨五入)
¥179,000＋(1＋0.032×45÷365)＝¥179,706　答 ¥ 179,706

(5) 1ダース¥5,930の商品を120ダース仕入れ，仕入諸掛¥35,400とあわせて支払った。この商品に諸掛込原価の2割4分の利益を見込んで定価をつけた。定価はいくらですか。
(¥5,930×120＋¥35,400)×(1＋0.24)＝¥926,280　答 ¥ 926,280

(6) 元金¥876,000を年利率3%で貸し付け，期日に利息¥5,256と元金を受け取った。貸付期間は何日ですか。
¥5,256÷(¥876,000×0.03÷365)＝73　答 73 日

(7) 仕入原価¥940,000の商品に23%の利益を見て定価をつけたが，定価の8掛半で販売した。売価はいくらですか。
¥940,000×(1＋0.23)×0.85＝¥982,770　答 ¥ 982,770

(8) 元金¥182,000を年利率4.5%で借り入れ，期日に元利合計¥195,650を支払った。借入期間は何年何か月ですか。
(¥195,650－¥182,000)÷(¥182,000×0.045÷12)＝20　答 1 年 8 か月

第2問　次の空欄を求めなさい。(18点)　●印@3点×6＝18点

(1) (円，パーセント未満四捨五入)

No.	仕入原価	利益率	定価	値引率	売価	利益額
1	¥ 614,000	(25) %	¥ 767,500	9 %	●¥ (698,425)	¥ (84,425)
2	¥ (507,000)	32 %	¥ 669,240	● (14) %	¥ 575,546	¥ (68,546)
3	¥ 463,000	● (19) %	¥ 550,970	6 %	¥ (517,912)	¥ (54,912)

(2) (片落し，円未満切り上げ)

No.	元金	年利率	期間	利息	元利合計
1	¥ 948,000	● (6.5) %	1年2か月	¥ 71,890	¥ (1,019,890)
2	●¥ (730,000)	2.4 %	8か月	¥ (11,680)	¥ 741,680
3	¥ 125,000	3.8 %	7月14日～9月16日	●¥ (833)	¥ (125,833)

[編者紹介]

経理教育研究会

商業科目専門の執筆・編集ユニット。
英光社発行のテキスト・問題集の多くを手がけている。
メンバーは固定ではなく、開発内容に応じて専門性の
高いメンバーが参加する。

ちょっと臆病なチキンハートの犬

チキン犬

・とても傷つきやすく、何事にも慎重。
・慎重すぎて逆にドジを踏んでしまう。
・頼まれごとにも弱い。
・のんびりすることと音楽が好き。
・運動は苦手（犬なのに…）。
・好物は緑茶と大豆食品。

■英光社イメージキャラクター
『チキン犬』特設ページ
https://eikosha.net/chicken-ken
チキン犬LINEスタンプ販売中！

計算実務3級直前模試

2023年2月1日　発行

編　者　経理教育研究会

発行所　株式会社 英光社
〒176-0012　東京都練馬区豊玉北1-9-1
TEL 050-3816-9443
振替口座 00180-6-149242
https://eikosha.net

ISBN 978-4-88327-768-1 C1034

本書の内容に誤りが見つかった場合は、
ホームページにて正誤表を公開いたします。
https://eikosha.net/seigo

本書の内容に不審な点がある場合は、下記よりお問合せください。
https://eikosha.net/contact
FAX 03-5946-6945
※お電話でのお問合せはご遠慮ください。

落丁・乱丁本はお取り替えいたします。
上記contactよりお問合せください。